Joseph Hengesbach

Beitrag zur Lehre von der Inclination im Provenzalischen

Joseph Hengesbach

Beitrag zur Lehre von der Inclination im Provenzalischen

ISBN/EAN: 9783744668415

Hergestellt in Europa, USA, Kanada, Australien, Japan

Cover: Foto ©ninafisch / pixelio.de

Weitere Bücher finden Sie auf **www.hansebooks.com**

AUSGABEN UND ABHANDLUNGEN

AUS DEM GEBIETE DER

ROMANISCHEN PHILOLOGIE.

VERÖFFENTLICHT VON E. STENGEL.

XXXVII.

BEITRAG

ZUR

LEHRE VON OER INCLINATION IM PROVENZALISCHEN.

VON

JOSEPH HENGESBACH.

MARBURG.
N. G. ELWERTSCHE VERLAGSBUCHHANDLUNG.
1885.

MEINEM FRÜHEREN LEHRER,

DEM REALGYMNASIAL-DIREKTOR

HERRN

DR. FRIEDRICH SCHROETER

ALS ZEICHEN DANKBARSTER VEREHRUNG.

1.] Inclination nennen die lateinischen Grammatiker denjenigen Tonanschluss eines Wortes an ein vorhergehendes, bei welchem das angeschlossene Wort (Pronomen, Pronominaladjectiv, -adverb, -partikel, Conjunction, Verb und Nomen) seines Hochtons verlustig geht, und den Silben des voraufgehenden Wortes, an welche es sich anschliesst, gegen den lateinischen Gebrauch der Accent zufällt. Diese eigentümliche enclitische Betonung bildet das Wesen der Inclination, wodurch dieselbe sich unterscheidet von den untrennbaren Compositen, bei denen die gewöhnliche Accentuationsweise lateinischer Wörter in Kraft bleibt. vgl. Corssen, Ausspr. u. Voc. II^2, 835 ff. Der Inclination entgegengesetzt ist der Tonanschluss an das folgende Wort, da manche Wörter, aus demselben Grunde wie bei der Inclination, (Präposition, Conjunction, Adverb und Nomen) tieftonig werden und sich an den Hochton des folgenden Wortes binden. vgl. Corssen, a. a. O. 862 ff. «Dass in der spätesten lateinischen Volkssprache die Tieftonigkeit unbedeutender Wörter und ihr Tonanschluss an bedeutende immer mehr überhand nahm, das lehren die romanischen Sprachen.» Corssen, a. a. O. 889.

2.] Jene beiden Arten des Tonanschlusses nun begreifen die «leys d'amors» unter Inclination, wenn sie von den «empedimens d'accen» mit aller Ausführlichkeit handeln (ed. Gatien-Arnoult 78 ff.). Aber wiewohl sie (p. 64) betonen, über den lateinischen Accent zu sprechen «per miels donar entendre l'accen ques havem en romans», haben sie doch einen Vergleich zwischen der lateinischen und provenzalischen «Enclesis» nicht gezogen, sondern die letztere einfach übergangen. Ebenso lassen die beiden ältesten provenzalischen Grammatiken (ed. Stengel) dieselbe unberührt.

3.] Die provenzalische Inclination ist von der lateinischen grundverschieden, sowohl in Hinsicht auf die inclinierten Wörter als auch in Anbetracht der Behandlung derselben. Im Provenzalischen giebt es folgende Encliticae: der Artikel masc. sing. nom. und obl. «*lo*», masc. pl. nom. «*li*», masc. pl. obl. «*los*», fem. sg. «*la*», die conjunctiven persönlichen Pronomina «*me, te, nos, vos, lo, li, los, se*». Ihre Anlehnung an voraufgehende Wörter bewirkt, dass die Encliticae ihren Vocal nach dem Auslautgesetz einbüssen.

4.] Zu entscheiden, ob im gegebenen Falle Elision oder Inclination vorliege, sollte man die Cäsur für ein ebenso sicheres, als freilich seltenes Criterium halten. Denn nach Tobler (vom franz. Versbau, 81 ff.) gehören Substantiv und Artikel, sowie Verb und pronominales direktes Objekt demselben Hemistich an, so dass also zu lesen wäre: Ecvos e Roma l'emperador Teiric, Boëce, *Chr.*[*]) 2, 17; De sapiencia l'apellaven doctor, id. 2, 12.

5.] Indessen begegnet eine Anzahl von zehnsilbigen Versen, in denen die Enclitica, syntaktisch zum zweiten Versgliede gehörig, doch zum ersten gezogen ist. In den von mir untersuchten Texten sind es folgende: Bei gewöhnlicher Cäsur: Quel fis amors mi ten el cor uns dars On eu cre *quel* partirs non er ses dan, *Chr.* 319, 16 (Dante da Maj.); Ans pois no *fel* sogles mais decazer *PdC.* 25, 28; Et aprendi Que greu *farai* reis Ferrans de pretz cobra *ADa.* 12, 55; On dieus *daral* plus ric don qu'om aura *Chr.* 290, 13

---

*) Die von mir gebrauchten Abkürzungen sind: [1]) *Chr.* = K. Bartsch, provenzalische Chrestomathie'; [2]) *GdP.* = Guillem IX von Poitiers hv. Holland und Keller; [3]) *JRu.* = Jaufre Rudel hv. A. Stimming; [4]) *GdC.* = Guillem de Cabestaing hv. F. Hüffer; [5]) *PRo.* = Peire Rogier hv. C. Appel; [6]) *PVi.* = Peire Vidal hv. K. Bartsch; [7]) *BdB.* = Bertran de Born hv. A. Stimming; [8]) *PdC.* = Ponz de Capduoill hv. M. v. Napolski; [9]) *MdM.* = Mönch von Montaudon hv. L. Klein (lateinische Ziffer für No. des Liedes) und E. Phillipson (arabische Ziffer); [10]) *ADa.* = Arnaut Daniel hv. U. A. Canello; [11]) *GFig.* = Guillem Figueira hv. E. Levy; [12]) *BZo.* = Bertoleme Zorzi hv. E. Levy; [13]) *GRiq.* = Guiraut Riquier hv. Pfaff in Mahn, Werke der Troub. IV. Bd.; [14]) *FdL.* = Folquet de Lunel (Rom. = Romans) hv. F. Eichelkraut; [15]) *PdM.* = Paulet von Marseille hv. E. Levy.

(Serveri); Leu fora *sim* volgues mi dons garir De la dolor *Chr.* 320, 11 (Dante da Maj.); E doncs per **quem** promet so que nom dona *PVi*. 43, 5; Et aug per **quim** tenol conoyssedor *GRiq*. 23, 6; E digas lis peneda si mal dis De ma gensor *FdL*. 7, 45; E pos tan **beus** dezir ses totz enjans *Chr.* 153, 9 (Raim. de Mirav.); Ves lo rei **queus** soli' onrat tener *BdB*. 6, 44; Sabetz per **quelh** port amor tan coral *PVi*. 37, 41.

6.]   Bei lyrischer Cäsur: Car res tant non esglaja Vostres guerriers ni tant lor desplai ges Con **farial** vostr' acortz, s'el pogues *Chr*. 276, 8 (Bonif. Calvo); E **rendrial** guizardon per un cen *MdM*. 4, 34; E ma **domnam** ten en aital balansa *PVi*. 32, 28; Per **envejaus** volon las melhors mal *PVi*. 36, 10; Ses **bauziaus** am e ses cor volatge *MdM*. 5, 51.

7.]   Bei epischer Cäsur: De tot l'**emperil** tenien per senor *Chr.* 2, 10 (Boèce).

8.]   Tobler nennt zwar (Z. f. rom. Phil. II, 505) diese Trennung des inclinierten Personalpronomens von seinem Verbum durch die Cäsur eine „ganz widernatürliche" und will *BdB*. 6, 44 ihretwegen emendieren.   Die Reihe der angezogenen Beispiele aber, wiewohl einige derselben Troubadours italienischer Herkunft angehören, spricht dafür, dass die Regel der afrz. Epik sich nicht in gleicher Strenge auf die provenzalische Lyrik ausdehnen lässt.   Und warum soll in der Cäsur nicht möglich sein, was doch im Versschluss, dem stärkeren Ruhepunkte, sich findet?

9.]   Es begegnet nämlich der Fall, dass die Encliticae syntaktisch dem Anfang eines Verses angehören, jedoch der Silbenzahl wegen dem vocalisch auslautenden Wort des vorhergehenden Verses angeschlossen werden müssen.   Bartsch deutet (Herr. Arch. XVI, 140) diese auffällige Erscheinung so: «Diese Art der Verstrennung, wodurch das angelehnte Pronomen in dem einen Falle (*GRiq*. 86, 33) als einzelner Buchstabe stehen bleibt, ist nur zu erklären, indem man beide Verse ohne Pause rasch hintereinander liest.»   Dasselbe lässt sich, mit noch grösserem Recht, auf die Cäsur anwenden, so dass, wenn die Pause wegfällt, von einer „Trennung" der Enclitica überhaupt nicht mehr geredet werden kann.   Als Belege dafür, dass die Encliticae im Versschlusse sich befinden können, habe ich folgende Verse angemerkt: Tot jorn m'**agensal** Desirs*) *Chr.* 75, 27 (*GdC.*); Dirai vos en mon lati De so qu'eu vei e que **vi**: *L* sogles non cuit dure gaire *Chr.* 54, 16 (Marcabrun); En Guiraut de temor **brandal** Fis enamoratz *GRiq.* 86, 33; Flors blanca, vermelh' e **blojam** Sembla la freidura *Chr.* 62, 25 (Bern. de V.); Lo jorn que sa **corteziam** Mostret em fetz aparer *Chr.* 88, 30 (Peire Raimon); Lo rossinhol per **semblansaus** Dona que vieu ab alegransa *GRiq.* 92, 38.

10.] Dass die Encliticae sogar zur Reimbildung verwendet werden, ist für den Versbau von geringerem Belang. Es sind mir nur zwei Fälle dieser Art aufgestossen: So dic en dreg del mieu Senhor et **entendam** (: clam) *GRiq.* 83, 166; Guiraut totz noms a son entendemen Per qu'en honor et en pro n'etendos (: cabalos) *GRiq.* 96. 84. Man vgl. noch Bartsch, Denkmäler 323, und Diez, Gr. d. r. Spr.' II, 37.

11.] Die Präpositionen «*en*» und «*per*» ermöglichen es festzustellen, ob Elision oder Inclination vorliegt; wenn sie ihren auslautenden Consonanten nicht beseitigen, muss elidiert werden, «*en l'*», «*per l'*». Aber auch da, wo kein formal untrügliches Princip eine sichere Unterscheidung zwischen Elision und Inclination gewährt, entscheide ich mich für die erstere. Denn für die Mehrzahl der Fälle trifft zu, dass (wie es Mall, Einleit. zum Comp. 35 formuliert hat) die Verbindung des Artikels mit dem Substantiv und des Pronomens mit seinem Verbum eine nähere und logisch engere ist, als die mit voraufgehenden Wörtern, an welche angelehnt werden kann. Für vorliegende Untersuchung sind die unter 4] angegebenen Denkmäler benutzt, welche die gesamte Troubadourzeit umfassen. Prosa musste ausgeschlossen werden; denn ihr fehlt das sichere Correctiv, wie es die Poesie in der Silbenzahl besitzt. Die Inclination in den Epen (Girart de Rossilho, Croisade c. l. Alb., Flamenca u. s. w.) will ich einer spätern Erörterung vorbehalten.

---

*) Hüffer folgt in seiner Ausgabe des *GdC.* mit Unrecht CELR, welche «*amors*» für «*desirs*» einsetzen.

§ 1.
Lo, art. masc. sg. nom. und obl.

I. Anlehnung.

A. Anlehnung an einsilbige Wörter.

12.] de*l* und a*l* erscheinen nie aufgelöst, wie schon Diez, Gr.[4] II, 37 bemerkt hat.

13.] e*l* = et + lo nom. *Chr.* 20, 32. 22, 30. 24, 27. 51, 16. 54, 2, 20, 35. 61, 2. 73, 16. 74, 1. 79, 15. 80, 1, 11, 17, 23, 35. 82, 11. 95, 7, 9, 18, 19, 20. 122, 26. 128, 11, 12. 146, 15. 157, 18, 26. 162, 29, 31. 170, 20. 182, 33. 196, 34. 208, 15. 213, 27. 246, 4. 276, 3. 320, 5. 342, 29, 31. 343, 7, 22. *GdP.* 3, 17. 4, 64. 8, 29, 30. 9, 14. 10, 41. *JRu.* 2, 4. 4, 1. 5, 41. 6, 32, 48. *GdC.* 1, 8. 6, 3, 7. *PRo.* 1, 3, 19, 20. 5, 18. 6, 26. 7, 5, 27. *PVI.* 3, 14, 71. 5, 34, 42. 6, 19, 45. 9, 15. 12, 25, 26. 15, 22. 16, 4, 8. 31, 36, 37, 39. 36, 8, 16. 42, 8, 29. 43, 21. 45, 22. *BdB.* 1, 5. 3, 18. 4, 40. 5, 36. 9, 35. 13, 31. 17, 9, 31. 18, 8, 13. 19, 3, 4. 20, 9. 21, 11, 52. 23, 38, 41. 25, 16. 30, 5, 6. 32, 40. 33, 20. 34, 36. 37, 53, 54. 38, 6, 8. 40, 15. 41, 7. 42, 16. 45, 51. *PdC.* 5, 2. 14, 6. 15, 28, 30. 20, 2, 3. 25, 17. 26, 26. 28, 48, 50, 55. *MdM.* I, 55 II, 23. IV, 27. IVb, 5. 4, 13. 15, 60. 16, 3. *ADa.* 1, 11. 3, 3, 4. 4, 23. 10, 37. 13, 9. 14, 8. 16, 33. *GFig.* 2, 104. 8, 16. 10, 11. *BZo.* 2, 60. 15, 7. 16, 13, 51. *GRiq.* 1, 10. 5, 24. 8, 24. 10, 6. 11, 61. 12, 8. 17, 54, 63. 19, 54. 21, 33. 22, 31. 25, 37. 26, 44. 27, 62. 28, 44. 30, 53, 54. 33, 17. 34, 12, 31, 35. 44, 12. 47, 15, 26. 63, 17. 66, 3, 8, 35. 70, 69. 72, 59, 100, 108. 75, 291, 389, 393. 79, 542. 81, 120. 83, 12, 152, 153. 84, 46, 234, 299, 302, 457, 507, 513, 519, 561, 562, 563. 88, 35. 91, 52. 92, 16. 95, 31, 42, 44, 48, 64, 72, 79. 96, 56. 98, 26. 99, 8. *FdL.* 2, 46. 4, 6. 5, 49. *PdM.* 2, 28. 7, 16, 28.

14.]   el = et + lo obl.   *Chr.* 5, 23. 86, 2. 95, 13, 20.
96, 5, 15, 17, 29, 30. 120, 9. 121, 25. 129, 8. 140, 22. 145,
16. 147, 19. 148, 3, 4, 35. 163, 12. 164, 7. 175, 4. 289, 6.
290, 2, 6, 31. 319, 12. 341, 32. 343, 18.   *GdP.* 2, 25. 4, 34,
36. 4, 37 (»els« zu emend.?).   *JRu.* 3, 42.   *GdC.* 2, 32.   *PRo.*
3, 12. 5, 23. 6, 38. 8, 2, 34.   *PVi.* 1, 3. 4, 35, 47. 7, 28, 56.
8, 30. 11, 1. 23, 59. 25, 61. 27, 72. 28, 65. 29, 50, 51, 60.
30, 17. 35, 7, 55. 37, 26. 38, 48. 42, 1, 21. 44, 13. 46, 44.
BdB. 7, 29. 9, 62. 12, 23, 53. 19, 35. 26, 4, 46. 30, 17. 40,
23. 45, 11 (vgl. Anmerk. dazu).   *PdC.* 1, 23, 32, 38, 44. 3, 13.
6, 18. 15, 11, 12. 17, 24. 18, 12. 21, 21. 23, 24. 24, 7. 27,
25.   *MdM.* II, 22. 3, 56. 4, 33.   *ADa.* 1, 25, 42, 45. 2, 10.
10, 20. 14, 11.   *GFig.* 1, 49. 2, 40, 83. 6, 40, 48. 7, 6. 9, 29.
BZo. 1, 19, 22, 47. 3, 25, 38, 117. 4, 19. 5, 9. 6, 59, 94.
10, 123. 15, 27.   *GRiq.* 2, 3. 6, 19. 8, 51. 9, 9. 33, 36. 34,
10, 19. 41, 38, 46. 47, 34. 52, 23. 64, 51. 66, 4. 69, 6.
71, 436. 72, 92. 79, 484. 83, 80.   *FdL.* 7, 30.   *Rom.* 89, 526.
PdM. 1, 28.

quel = a) Conj. que + lo

15.]   quel = quar + lo nom.   *Chr.* 81, 6. 94, 4. 95, 18.
96, 36. 131, 25. 146, 20. 153, 17. 157, 15. 177, 7. 178, 7.
246, 2. 319, 14. 364, 36. 330, 33. 343, 26.   *GdP.* 4, 57.   *PRo.*
7, 29.   *PVi.* 6, 15. 15, 21. 19, 24. 22, 19. 29, 80. 34, 35.
37, 35. 38, 44.   *BdB.* 4, 6. 9, 64. 11, 33. 14, 1. 17, 20. 38,
91. 40, 27.   *PdC.* 4, 52. 8, 15. 15, 14, 30. 18, 41. 22, 4. 26,
26, 43.   *ADa.* 1, 9, 12. 10, 25. 14, 12, 35. 15, 3.   *GFig.* 2, 13.
5, 11. 6, 16.   *BZo.* 1, 37 (Levy schreibt »qu'el«). 18, 23.
GRiq. 9, 41. 21, 29. 26, 11. 28, 38. 34, 22. 38, 35. 53, 24.
70, 140. 71, 284. 72, 70, 172. 81, 87, 175, 176. 82, 167. 90,
45. 91, 23. 96, 11.   *FdL.* 4, 4.

16.]   quel = quar + lo obl.   *Chr.* 127, 8. 148, 1. 163,
7, 15.   *JRu.* 1, 12. 5, 38.   *PVi.* 2, 41. 6, 61. 22, 21. 25, 9.
43, 17. 44, 13.   *BdB.* 10, 37. 20, 51.   *PdC.* 4, 15. 22, 31.
ADa. 12, 31. 13, 31.   *GFig.* 2, 9.   *GRiq.* 75, 496. 83, 110.

17.] quel = Conj. «dass» (final, consecutiv, etc.) + lo nom. *Chr.* 4, 1. 5, 8. 64, 5. 102, 21. 105, 37. 106, 17. 121, 27. 128, 18. 132, 20, 22. 148, 24. 153, 6. 155, 24. 156, 25. 158, 5. 162, 27. 181, 24. 229, 6. 289, 27. 303, 27. 319, 16. 324, 23. 372, 22. *GdP.* 10, 17. *GdC.* 2, 18. 3, 33. *PRo.* 5, 18. *PVi.* 2, 39. 3, 2. 6, 19. 7, 68. 9, 12, 31, 32. 13, 21. 27, 3. *BdB* 7, 5. 25, 19. 35, 8. 37, 5. *PdC.* 15, 16. 18, 18, 45. 26, 46. *ADa.* 7, 25. 16, 6. 17, 4. *BZo.* 1, 61, 65. 5, 25. 6, 57, 74. 7, 69. 10, 117. 14, 6, 62. 16, 18, 41. 18, 16, 19, 28, 60. *GRiq.* 2, 34. 3, 63. 4, 21. 6, 18. 26, 7, 31. 27, 71. 28, 13. 30, 42. 31, 2. 34, 13. 36, 9. 42, 22. 45, 17, 25. 55, 20. 71, 112. 72, 58, 101. 75, 70, 326. 76, 154. 77, 80. 79, 28, 542. 81, 204, 250. 84, 252. 87, 24, 29. 95, 38, 70. 98, 11, 16, 55. *FdL.* 7, 38.

18.] quel = Conj. «dass» (final, consec., etc.) + lo obl. *Chr.* 94, 2. 153, 18 (vgl. que vos unter 372]). *JRu.* 3, 53. *PRo.* 1, 39. 2, 56. 6, 8, 19. *BdB.* 41, 18. *ADa.* 9, 100. *GFig.* 2, 89, 149. *BZo.* 3, 38, 40. 16, 39. *GRiq.* 6, 50. 20, 44. 24, 33, 48. 27, 17. 33, 2. 37, 6. 49, 53. 63, 7. 64, 4. 71, 296. 81, 455. 83, 162. 84, 725. 88, 26. 89, 57. 90, 67. *FdL.* 1, 15, 36. 2, 39.

19.] quel = compar. que + lo nom. *Chr.* 343, 20. 372, 22. *PVi.* 9, 39. 37, 1. 44, 40. *BdB.* 2, 51. *BZo.* 3, 21. *GRiq.* 19, 65. 72, 183.

20.] quel = compar. que + lo obl. *PVi.* 38, 36. *BdB.* 11, 62. *BZo.* 3, 79.

quel = b) Pron. rel. que + lo.

21.] quel = rel. masc. n. sg. + lo obl. *Chr.* 128, 4. 170, 20. *MdM.* 1, 72. *BZo.* 2, 16. *GRiq.* 71, 281. 78, 101. 80, 132. 84, 460. = rel. masc. obl. sg. + lo nom. *Chr.* 373, 12. *BdB.* 14, 58. = rel. masc. obl. sg. + lo obl. *ADa.* 1, 48.

22.] quel = rel. fem. n. sg. + lo obl. *Chr.* 120, 25. 279, 11. 320, 1. *PVi.* 22, 6. *MdM.* III, 47. *GRiq.* 11, 36.

47, 46. *FdL.* 7, 30.   = rel. f. o. sg. + lo nom. *Chr.* 158, 21.
294, 11. *BdB.* 32, 39. 42, 6. *GRiq.* 71, 143.

23.]   quol = rel. neutr. o. sg. + lo nom. *Chr.* 51, 21.
73, 14. 97, 19. 104, 15. 131, 3. 289, 1. 306, 18. *JRu.* 6, 40.
PRo. 3, 10. *PVi.* 25, 44. 34, 25. *BdB.* 39, 30. 44, 53.
GFig. 2, 143, 160. *GRiq.* 12, 27. 17, 35. 26, 10. 42, 9.
78, 179. 79, 78. 84, 107. 95, 18.   = rel. neutr. o. sg. + lo
obl. *GRiq.* 16, 35. 63, 27.

24.]   quel = rel. m. n. pl. + lo obl. *GRiq.* 26, 38.
= rel. f. o. pl. + lo nom. *GRiq.* 84, 587.

25.]   e*l* = en Präp. + lo obl. *Chr.* 3, 1. 5, 35. 6, 11.
8, 7. 20, 19 (eu). 23, 13. 24, 30. 51, 21; im Ganzen 37 Belege. *GdP.* 5, 74. *JRu.* 1, 1. 2, 4. 3, 30. 4, 50. 5, 13. 6, 9.
GdC. 1, 5. 4, 35. 5, 25, 62. 6, 4, 34, 48. *PRo.* 2, 22. 8, 2.
PVi. 4, 18. 7, 12. 8, 18; i. G. 21 B. *BdB.* 6, 18, 19. 9, 50.
16, 61; i. G. 21 B. *PdC.* 2, 33. 7, 5; i. G. 10 B. *MdM.* III,
2, 40. IV, 1; i. G. 12 B. *ADa.* 1, 27. 4, 3, 4; i. G. 20 B.
GFig. 2, 45. 56, 140. 5, 34. 8, 11, 13. *BZo.* 3, 39, 48; i. G.
17 B. *GRiq.* 2, 35. 5, 7, 8. 9, 38; i. G. 78 B. *FdL.* 1, 26.
2, 46; i. G. 11 B. *PdM.* 5, 7. 7, 12, 24.

26.]   pe*l* = per Präp. + lo obl. *Chr.* 20, 33. 50, 5.
85, 25, 34. 92, 24. 97, 16. 106, 32. 121, 30. 143, 4. 208, 18.
275, 30. 280, 18, 24. 305, 6. 374, 20. 329, 11. 342, 31. 343, 10.
GdP. 6, 23. *JRu.* 1, 6. *GdC.* 1, 25. *PVi.* 6, 1, 74. 8, 3.
11, 3. 27, 4. 29, 74. 33, 8. 41, 23. *BdB.* 23, 26. 26, 41, 45,
52. 29, 20. 37, 15. 41, 33. 44, 48. *PdC.* 6, 36. 11, 45. *MdM.*
I, 54. II, 30. 4, 3. 5, 53. 6, 43, 45. *ADa.* 2, 10, 40. 8, 53.
10, 36. *GFig* 2, 128. 5, 1. *BZo.* 4, 5. *GRiq.* 32, 29. 61, 3.
71, 138. 79, 457. 82, 5.

27.]   me*l* = Pron. conj. + lo obl. *GFig.* 4, 44.   = Pron.
abs. + lo obl. *GRiq.* 51, 48.   cre*l* = 3. sg. präs. ind. + lo obl.
GRiq. 81, 232.   = 3. sg. präs. i. + lo nom. *ADa.* 9, 21*).

---

*) Canello setzt «crenl» = «tremit + lo» an; ich teile jedoch Chabaneau's Meinung, die sich für «credit + lo» entscheidet.

fel = 3. sg. perf. + lo nom. *PdC.* 25, 28. *GFig.* 7, 40.
vel = 3. sg. präs. i. venir + lo nom. *GRiq.* 70, 90. = 2. sg.
imperat. vezer + lo obl. *Chr.* 245, 36. tel = 3. sg. präs.
i. + lo nom. *PdC.* 2, 9. 11, 21. = 3. sg. präs. i. + lo obl.
ADa. 13, 25.

28.] **nil** = Conj. ni + lo nom. *Chr.* 60, 4. 66, 16.
86, 32. 101, 11. 198, 20. *PVi.* 7, 63. *GRiq.* 71, 198. 75, 256.
84, 98, 100, 101.

29.] nil = Conj. ni + lo obl. *Chr.* 97, 10. 182, 20.
213, 32. *PVi.* 10, 23. 15, 36. *BdB.* 13, 13. 22, 26. 26, 75.
ADa. 16, 45. *BZo.* 14, 59. 18, 14. *GRiq.* 70, 114. 90, 55.
PdM. 3, 8.

30.] **sil** = Conj. si + lo nom. *Chr.* 52, 6. 73, 12. 105,
34. 150, 4. 198, 20. 245, 35. 307, 3. 321, 38. *PRo.* 5, 15.
PVi. 9, 8. 12, 9. 20, 26. 27, 21. 30, 37. *BdB.* 4, 50. 14, 8, 13.
19, 24. 21, 46. 25, 25. 29, 17, 29. 31, 22. 33, 17. 39, 49.
44, 13. 45, 41. *PdC.* 12, 13. 13, 21. *MdM.* 6, 52. *ADa.*
6, 14. 15, 25. *BZo.* 18, 1. *GFig.* 2, 68. *GRiq.* 6, 46. 9, 37.
13, 70. 31, 20. 72, 187. 83, 34. 86, 7. 95, 16. 98, 45. *FdL.
Rom.* 516. *PdM.* 3, 43. 4, 41.

31.] sil = Conj. si + lo obl. *Chr.* 88, 17. *BdB.* 10, 2.
31, 21. *PdC.* 6, 13. *ADa.* 6, 9. 10, 33. 12, 51. *BZo.* 2, 17.
GRiq. 11, 82. 72, 214. 81, 105, 114. 87, 2. 93, 32.

32.] **quil** = Pron. rel. m. n. sg. + lo obl. *Chr.* 78, 26.
156, 31. 175, 2. 290, 2. *GdP.* 8, 24. *PRo.* 4, 14. *PVi.* 7,
43, 92. *BZo.* 15, 25. *GRiq.* 71, 9. 75, 526. 80, 132. 84, 749.

33.] vil = 1. sg. perf. + lo nom. *Chr.* 54, 16. lil =
Pron. conj. fem. + lo obl. *Chr.* 77, 9.

34.] **jal** = Adv. + lo nom. *PVi.* 6, 26, 55. 19, 18.
PdC. 9, 18. *GRiq.* 75, 484. = Adv. + lo obl. *Chr.* 63, 15.
GdC. 5, 18. *ADa.* 7, 47.

35.] **al** = 3. sg. präs. i. + lo nom. *Chr.* 127, 20.
= 3. sg. präs. i. + lo obl. *Chr.* 72, 24. 275, 26. *PVi.* 5, 33.
29, 60. *ADa.* 11, 35. *PdC.* 21, 24. *BZo.* 8, 68.

36.] **ral** = 3. sg. präs. i. + lo nom. *BZo.* 7, 98. — **mal** = Adv. magis + lo nom. *BdB.* 9, 32. *ADa.* 9, 45.

37.] **fal** = 3. sg. präs. i. + lo nom. *GFig.* 2, 127. = 3. sg. präs. i. + lo obl. *PVi.* 6, 4. *ADa.* 3, 12. *GRiq.* 4, 40. 84, 12. - **tral** = 3. sg. präs. i. + lo obl. *PVi.* 14, 28.

38.] **col** = Conj. + lo nom. *Chr.* 59, 10. 79, 28. 123, 19. 162, 11. 275, 23. 294, 3. 326, 18. *PVi.* 1, 19, 68. 16, 1. 24, 11. 35, 42. *PdC.* 2, 22. 23, 32. *MdM.* 1, 72. *ADa.* 4, 38. *PdM.* 7, 32. = Conj. + lo obl. *Chr.* 280, 6. *GRiq.* 96, 40.

39.] **trol** = Präp. + lo obl. *BdB.* 26, 56, 69. *FdL.* 5, 42. — **ol** = Conj. aut + lo nom. *ADa.* 12, 44, 45. *GRiq.* 87, 5. = Conj. aut + lo obl. *Chr.* 322, 14. *ADa.* 13, 31. *GRiq.* 72, 39. 79, 288. 84, 89, 90. = Adv. ubi + lo nom. *BdB.* 9, 2; vgl. die Anmerk. dazu. — **prol** = Adv. + lo nom. *BdB.* 33, 21. - **fol** = 3. sg. perf. + lo nom. *Chr.* 71, 19. *PVi.* 40, 43. *PdC.* 7, 10. — **sol** = Pron. dem. + lo nom. *Chr.* 145, 13. *BdB.* 22, 21.

40.] **sul** = sus Präp. + lo obl. *FdL. Rom.* 322.

41.] **ail** = 1. sg. präs. i. + lo obl. *GdC.* 4, 23. Als einziger Beleg der Anlehnung des Art. lo an ein einsilbiges auf Diphthongen endigendes Wort ist die vorliegende Form höchst anstössig; indessen wird sie durch die (bei Hüffer leider nicht vollständige) Überlieferung gesichert.

B. Anlehnung an mehrsilbige Wörter.
1. An Oxytona.

42.] **sovel** = 3. sg. präs. i. + lo obl. *PdM.* 1, 8.

43.] **daral** = 3. sg. fut. + lo obl. *Chr.* 290, 13. — **perdral** = 3. sg. fut. + lo obl. *Chr.* 303, 23. — **parral** = 3. sg. fut. + lo nom. *JRu.* 5, 26. -- **venral** = 3. sg. fut. + lo nom. *Chr.* 79, 36. *PVi.* 19, 48. *BdB.* 5, 3. — **aural** = 3. sg. fut. + lo obl. *BdB.* 4, 7. 17, 21. — **fermaral** = 3. sg. fut. + lo nom. *BdB.* 23, 14. — **brisaral** = 3. sg. fut. + lo nom. *ADa.* 11, 1. — **faral** = 3. sg. fut. + lo nom. *ADa.* 12, 55. — **tenral** = 3. sg. fut. + lo obl. *GFig.* 4, 32.

44.] **perol** = Conj. + lo nom. *Chr.* 122, 8. (emperol) 324, 13. *PVi.* 40, 21. *GRiq.* 77, 86. 95, 71.

45.] **aurail** = 1. sg. fut. + lo obl. *PVi.* 30, 40. Bartsch bemerkt dazu: «die Anlehnung des Pronomens an ein schliessendes «ai» des Futurums ist sehr selten». Sicherlich; deswegen wird aber auch Hs. O. gegen CLMRT Geltung verdienen und zu lesen sein: D'aitan mi van, qu' aurai lo colp premier.

2. An Paroxytona.

46.] **entrel** = Präp. + lo obl. *PVi.* 25, 61. *GRiq.* 75, 249. — **sobrel** = Präp. + lo obl. *Chr.* 96, 46. 128, 19. 152, 17. 168, 12. 180, 44. *BdB.* 34, 48. *GFig.* 10, 9. *BZo.* 9, 57.

47.] **cobrel** = 3. sg. präs. i. + lo obl. *Chr.* 4, 30. — **complel** = 3. sg. präs. i. + lo nom. *GRiq.* 75, 65.

48.] **repairel** = 3. sg. präs. c. + lo obl. *Chr.* 105, 30. — **mostrel** = 1. sg. präs. c. + lo obl. *GdC.* 4, 27. — **virel** = 3. sg. präs. c. + lo obl. *BZo.* 4, 57. — **jutiel** = 3. sg. präs. c. + lo nom. *GRiq.* 93, 64.

49.] **viurel** = Infin. + lo nom. *PVi.* 45, 55. — **direl** = Infin. + lo obl. *BdB.* 40, 17.

50.] **senhel** = Subst. + lo obl.; senher, lo *GRiq.* 58, 18. — **Dairel** = nom. propr. + lo obl. *PVi.* 35, 16. — **catrel** = Numer. + lo nom. *FdL. Rom.* 536.

51.] **servizil** = Subst. + lo obl. *Chr.* 93, 82. — **nervil** = Subst. + lo obl. *Chr.* 180, 28.

52.] **contral** = Präp. + lo obl. *Chr.* 20, 29. 56, 8. 64, 30. 73, 14. 77, 26. 105, 2, 3, 4, 5. 198, 31. *PdC.* 2, 31. 23, 44. *ADa.* 12, 32. *BZo.* 14, 16. *GRiq.* 47, 24. 80, 47.

53.] **jostal** = Präp. + lo obl. *Chr.* 49, 29. 51, 23. *BdB.* 23, 15. *PdC.* 14, 6. — **outral** = Präp. + lo obl. *Chr.* 321, 29. — **eral** = Adv. + lo obl. *BZo.* 6, 6.

54.] **guardal** = 3. sg. präs. i. + lo obl. *Chr.* 6, 46. — **jutgal** = 3. sg. präs. i. + lo obl. *Chr.* 54, 33. — **esbrondal** = 3. sg. präs. i. + lo nom. *Chr.* 67, 10. — **cantal** = 3. sg. präs. i. + lo nom. *Chr.* 80, 27. 93, 8 (chantal). — **remembral** = 3. sg. präs. i. + lo nom. *Chr.* 96, 32. — **amenal** = 3. sg. präs. i. + lo obl. *Chr.* 101, 27. — **laissal** = 3. sg. präs. i. + lo obl. *Chr.* 121, 30. *PdC.* 1, 33. = 3. sg. präs. i. + lo nom. *PRo.* 1, 40. — **doblal** = 3. sg. präs. i. + lo nom. *Chr.* 123, 2. — **agradal** = 3. sg. präs. i. + lo nom. *Chr.* 152, 33, 34. — **caussigal** = 3. sg. präs. i. + lo obl. *Chr.* 155, 20. 157, 12. — **intral** = 3. sg. präs. i. + lo nom. *Chr.* 213, 15. — **cossiral** = 3. sg. präs. i. + lo obl. *Chr.* 303, 25. — **destrigual** = 3. sg. präs. i. + lo nom. *Chr.* 304, 22. — **baissal** = 3. sg. präs. i. + lo obl. *GdC.* 4, 1. — **agensal** = 3. sg. präs. i. + lo nom. *GdC.* 5, 46. — **albergal** = 3. sg. präs. i. + lo obl. *PVi.* 1, 91. — **badal** = 3. sg. präs. i. + lo obl. *PVi.* 37, 9. — **trencal** = 3. sg. präs. i. + lo obl. *PVi.* 41, 8. — **onral** = 3. sg. präs. i. + lo obl. *PVi.* 6, 54. — **mesclal** = 3. sg. präs. i. + lo obl. *BdB.* 44, 26. — **alegral** = 3. sg. präs. i. + lo nom. *MdM*, 6, 42. — **montal** = 3. sg. präs. i. + lo obl. *ADa.* 5, 30. — **nafral** = 3. sg. präs. i. + lo obl. *ADa.* 18, 15. — **gietal** = 3. sg. präs. i. + lo obl. *GFig.* 7, 5. — **denhal** = 3. sg. präs. i. + lo obl. *BZo.* 6, 89. — **oblidal** = 3. sg. präs. i. + lo obl. *BZo.* 8, 57. — **penzal** = 3. sg. präs. i. + lo obl. *BZo.* 11, 20. — **sobral** = 3. sg. präs. i. + lo obl. *BZo.* 16, 8. — **companhal** = 3. sg. präs. i. + lo obl. *BZo.* 16, 47. — **demostral** = 3. sg. präs. i. + lo obl. *GRiq.* 10, 9. — **amal** = 3. sg. präs. i. + lo obl. *GRiq.* 37, 38. — **cessal** = 3. sg. präs. i. + lo nom. *GRiq.* 39, 30. — **perdonal** = 3. sg. präs. i. + lo obl. *GRiq.* 81, 86. — **brandal** = 3. sg. präs. i. + lo nom. *GRiq.* 86, 33.

55.] **remaingnal** = 3. sg. präs. c. + lo nom. *Chr.* 68, 5. 154, 7. — **sial** = 3. sg. präs. c. + lo nom. *Chr.* 72, 2. 145, 23. 183, 4. 275, 13. *GdP.* 10, 44. — **mantenhal** = 3. sg. präs. c. + lo obl. *Chr.* 156, 21. — **fassal** = 3. sg. präs. c. + lo obl. *Chr.* 158, 10. = 1. sg. präs. c. + lo obl. *BdB.* 15, 35. — **ajal** = 3. sg. präs. c. + lo obl. *JRu.* 1, 39. *PVi.* 17, 23. = 1. sg. präs. c. + lo obl. *BZo.* 8, 67. — **aprendal** = 3. sg. präs. c. + lo obl. *PRo.* 2, 68. — **tengal** = 3. sg. präs. c. + lo nom. *PVi.* 29, 61. — **sapchal** = 3. sg. präs. c. + lo nom. *BdB.* 2, 21. 35, 65. — **serval** = 3. sg. präs. c. + lo obl. *BdB.* 10, 4*). — **crescal** = 3. sg. präs. c. + lo nom. *BdB.* 14, 74. — **creissal** = 3. sg. präs. c. + lo obl. *BZo.* 3, 71. — **aujal** = 3. sg. präs. c. + lo obl. *BdB.* 24, 43. — **volval** = 3. sg. präs. c. + lo obl. *ADa.* 3, 36. — **dejal** = 3. sg. präs. c. + lo obl. *GFig.* 4, 36. — **digal** = 3. sg. präs. c. + lo nom. *GRiq.* 95, 87.

56.] **eral** = 3. sg. imperf. i. + lo nom. *Chr.* 2, 9. *GRiq.* 66, 23. = 3. sg. imperf. i. + lo obl. *GRiq.* 66, 32. — **calfaval** = 3. sg. imperf. i. + lo obl. *Chr.* 80, 21. — **doblaval** = 3. sg. imperf. i. + lo nom. *Chr.* 123, 1. — **causigaval** = 3. sg. imperf. i. + lo obl. *Chr.* 158, 2. — **apelaval** = 3. sg. imperf. i. + lo obl. *Chr.* 363, 4. — **cassaval** = 1. sg. imperf. i. + lo obl. *ADa.* 14, 4. — **menaval** = 3. sg. imperf. i. + lo nom. *BZo.* 6, 81. — **avial** = 3. sg. imperf. i. + lo obl. *Chr.* 3, 42. — **sabial** = 3. sg. imperf. i. + lo obl. *GRiq.* 84, 550. — **auzial** = 1. sg. imperf. i. + lo obl. *BZo.* 10, 30.

57.] **mandal** = 2. sg. imperat. + lo obl. *Chr.* 214, 2. — **pregal** = 2. sg. imperat. + lo obl. *Chr.* 214, 2. — **passal** = 2. sg. imperat. + lo obl. *BdB.* 4, 45.

58.] **tengral** = 1. sg. cond. + lo obl. *Chr.* 49, 7. *BZo.* 2, 57. — **paregral** = 3. sg. cond. + lo nom. *Chr.* 106, 2. — **agral** = 3. sg. cond. + lo obl. *Chr.* 158, 7. *PdC.* 12, 22. = 3. sg. cond. + lo nom. *BdB.* 14, 7. *GRiq.* 99, 56. = 1. sg. cond. + lo obl. *PdC.* 6, 12. — **foral** = 3. sg. cond. + lo nom. *PVi.* 5, 34. *GRiq.* 13, 44. —

---

*) Besser ist es vielleicht, mit GIKd «serv' al» zu lesen, das ja auch F gerecht wird. Über die doppelte Construction von servir vgl. Levy, GFig. zu 1, 23.

volgra*l* = 1. sg. cond. + lo nom. *BdB.* 8, 25. — **manderal** = 3. sg. cond. + lo nom. *MdM.* 21, 3. — **escardera*l*** = 3. sg. coud. + lo obl. *ADa.* 1, 25. — **segra*l*** = 3. sg. cond. + lo obl. *BZo.* 8, 59. — **faria*l*** = 3. sg. cond. + lo nom. *Chr.* 276, 8. — **sabria*l*** = 3. sg. cond. + lo nom. *GdP.* 4, 38. — **daria*l*** = 1. sg. cond. + lo obl. *MdM.* 1, 45. — **rendria*l*** = 1. sg. cond. + lo obl. *MdM.* 4, 34. — **auria*l*** = 3. sg. cond. + lo obl. *BZo.* 9, 30.

59.] **Sanha*l*** = nom. propr. + lo nom. *Chr.* 81, 23. — **Toleta*l*** = nom. propr. + lo nom. *BdB.* 32, 29. — **Roma*l*** = nom. propr. voc. + lo nom.; Roma, lo *GFig.* 2, 134. — **Figera*l*** = nom. propr. + lo obl. *GFig.* 9, 12. — **enveja*l*** = Subst. + lo nom. *PVi.* 45, 35. — **ondra*l*** = Subst. + lo nom. *ADa.* 12, 39. — **boca*l*** = Subst. + lo nom. *ADa.* 15, 11. — **joncada*l*** = Subst. + lo obl. *GFig.* 8, 7. — **toza*l*** = Subst. voc. + lo obl.; toza, lo *GRiq.* 58, 51. — **clerzia*l*** = Subst. + lo obl. *PdC.* 13, 40. — **veiria*l*** = Subst. + lo nom. *FdL.* 7, 27.

60.] **aucizo*l*** = 3. pl. präs. c. + lo obl. *GdP.* 5, 79. — **comenso*l*** = 3. pl. präs. i. + lo obl. *PVi.* 22, 14. — **atendo*l*** = 3. pl. präs. i. + lo obl. *BdB.* 28, 31. — **aportere*l*** 3. plur. perf. + lo obl. *GdP.* 5, 51.

II. Nichtanlehnung.

A. Nichtanlehnung nach einsilbigen Wörtern.

61.] e lo = et und lo nom. *Chr.* 130, 36. 207, 20 nach *CJR.*; es läfst sich aber die Lesart H insoweit annehmen, als man «*pos*» für «*e*» einsetzt, also Pos lo reis castelas taing qu'en manje per dos. — *BdB.* 23, 40; C hat hier vielleicht das Richtige bewahrt in «*denpeire*». Aber ebensowenig, wie Stimming etwas zu berichten weiss über «*coms Peire*», ist es mir gelungen festzustellen, ob und wer dieser Graf «*d'enpeire*» (was auf «*Ampoira*» zurückweist) gewesen ist. — *MdM* 1, 19, 73, 79; M hat alle 3 Mal contrahiert; indessen spricht die Congruenz der übrigen Hss. für «e lo».

62.] e lo = et u. lo obl. *BdB.* 21, 27. *Chr.* 19, 5; mit Rücksicht auf v. 2 möchte besser gelesen werden «e to». — *GFig.* 9, 40; nur in H befindlich kann es in «et lo» gebessert werden.

63.] **que lo** = a) Conj. que u. lo nom. *BdB.* 30, 8. *Chr.* 73, 17; die Variante von R gibt einen nicht schlechtern Sinn; darum ist zu lesen Quel rics viu entro c'a la fi.

64.] que lo = b) Pron. rel. und lo: = rel. m. n. sg. und lo obl. *BdB.* 7, 25. 42, 23. = rel. m. o. pl. und lo nom. *GFig.* 2, 108; Gruppe CR ist mit ihrer Lesart vorzuziehen: Car tant mals saubutz faitz don tot lo mons crida oder es ist derjenigen von DB, gemäss *A*, ein «en» einzuschieben.

65.] **en lo** = Präp. und lo obl. *MdM.* 19, 16. *Chr.* 23, 23; so in A; M hat aber dasselbe Ansehen, vielleicht grösseres, weil eher abzusehen ist, dass ein Copist ein Wort unterdrückte und die fehlende Silbe durch Auflösen der Contraction herstellte, als dass er umgekehrt Nichtcontrahiertes zusammengezogen und ein neues Wort eingeschoben hätte. Also Mais sus el cel a esgardat. — *GRiq.* 71, 144; die Schreibung beruht auf Versehen des Herausgebers; es ist herzustellen: Can possesen lo be Passet lo mandamen.

66.] **per lo** = Präp. u. lo obl. *Chr.* 6, 47. 67, 20. 10, 2, 20. 125, 23. 163, 20. 279, 26. 290, 24. 329, 3. 374, 4, 11, 14, 28. *GdP.* 8, 34. *JRu.* 2, 5. *PVi.* 8, 2. *MdM.* 1, 29. *GFig.* 10, 19. *GRiq.* 18, 2, 3. 19, 10. 23, 39. 32, 38. 44, 13. 47, 40. 71, 136, 357. 76, 38, 40. 77, 66. 79, 40, 237, 259, 394, 485, 502, 701; i. G. 27 B.

67.] **be lo** = Adv. u. lo obl. *GFig.* 6, 52; die Contraction ist durch die Cäsur verhindert: Feniretz be lo bon comensamen.

68.] **me lo** = Pron. conj. u. lo obl. *GRiq.* 69, 91; der nur in einer Hs. überlieferte Vers lässt sich ändern in: Car albir mel gran alegrier.

69.] **qui lo** = Pron. rel. m. n. sg. und lo obl. *Chr.* 271, 6; ich möchte lesen: E cui lo trop non poza. — **vi lo** = 3. sg. perf. u. lo nom. *Chr.* 293, 22.

70.] **ja lo** = Adv. u. lo nom. *GRiq.* 89, 41. *PdM.* 7, 20. — **da lo** = 3. sg. präs. i. und lo obl. *BdB.* 29, 29. durch die Cäsur veranlasst: Sil reis li da lo thesaur de Chinom. — **a lo** = 3. sg. präs. i. und lo nom. *Chr.* 322, 13. = 3. sg. präs. i. und lo obl. *Chr.* 164, 6. *GRiq.* 26, 9. *BdB.* 41, 13 wegen der Cäsur offen: Quo tout lor a lo joven rei engles.

71.] **lo lo** = Pron. conj. und lo nom. *Chr.* 3, 12. - **fo le** = 3. sg. perf. und lo nom. *FdL.* 7, 25.

72.] **mai lo** = Adv. u. lo obl. *PRo.* 4, 40. — **lai le** = Adv. u. lo nom. *PRo.* 4, 40. — **sai lo** = Adv. u. lo obl. *Chr.* 317, 30. *ADa.* 4, 49. = 1. sg. präs. i. u. lo obl. *Chr.* 48, 25. *GdP.* 7, 37. *ADa.* 15, 1 tritt die Cäsur zwischen beide Wörter: Sols sui qui sai lo sobrafan quem sortz. — **vai le** = 3. sg. präs. i. und lo nom. *Chr.* 51, 15. = 3. sg. präs. i. und lo obl. *JRu.* 3, 41. — **fai lo** = 3. sg. präs. i. und lo nom. *Chr.* 93, 19. *GRiq.* 98, 53. = 3. sg. präs. i. und lo obl. *Chr.* 6, 32. 51, 27. *PVi.* 38, 44. *GRiq.* 67, 4. — **ai le** = 1. sg. präs. i. und lo obl. *GdP.* 2, 25. 7, 43. *PRo.* 3, 12. *PVi.* 29, 14. *GRiq.* 1, 30. 93, 31, 60.

73.] **eu lo** = Pron. pers. und lo obl. *Chr.* 159, 31. 244, 33. *MdM.* II, 22. — **ieu lo** = Pron. pers. u. lo nom. *PRo.* 3, 23. = Pron. pers. u. lo obl. *Chr.* 371, 24. *JRu.* 2, 7. *PdM.* 8, 9. — **deu lo** = Subst. u. lo obl. *Chr.* 279, 36. 280, 33.: die Cäsur tritt zwischen beide Wörter: E laisa deu lo grant omnipotent *Chr.* 1, 16; Ne credet deu lo nostre creator *Chr.* 2, 19; Ans preguei deu lo filh sancta Maria *Chr.* 102, 30. = 3. sg. präs. i. und lo nom. *GRiq.* 49, 24. *PdC.* 25, 17 tritt die Cäsur zwischen beide Wörter: Que venir deu lo gazardos el gratz. — **dieu lo** = Subst. u. lo nom. *Chr.* 371, 40. = Subst. u. lo obl. *GFig.* 6, 27. *GRiq.* 71, 313, 385. *ADa.* 15, 41 tritt die Cäsur dazwischen: Bella per dieu lo parlar e la votz.

74.] **au lo** = 1. sg. präs. i. und lo obl. *GdC*. 6, 5. = 3. sg. präs. i. und lo obl. *PVi*. 24, 11. — **mou lo** = 3. sg. präs. i. und lo nom. *Chr*. 175, 7. — **vey lo** = 1. sg. präs. i. und lo obl. *BZo*. 14, 52. *GRiq*. 79, 124.

B. Nichtanlehnung nach mehrsilbigen Wörtern.

1. Nach Oxytonis.

75.] **reve lo** = 3. sg. präs. i. revenir u. lo obl. *Chr*. 93, 20.

76.] **servi lo** = 3. sg. perf. u. lo nom. *BdB*. 42, 12 durch die Cäsur getrennt: Doncs beus servi lo rois Peire valen. — **aissi lo** = Adv. u. lo obl. *Chr*. 95, 21.

77.] **aura lo** = 3. sg. fut. u. lo nom. *PdC*. 1, 54 durch die Cäsur getrennt: Adunc aura lo plus justs espaven.

78.] **sabrai lo** = 1. sg. fut. u. lo obl. *PRo*. 8, 11. — servirai lo = 1. sg. fut. u. lo obl. *PVi*. 1, 33. — **veirai lo** = 1. sg. fut. u. lo obl. *PVi*. 36, 2. 42, 21 tritt die Cäsur dazwischen: Deus quau veirai lo jorn el mes el an. — **trametrai lo** = 1. sg. fut. u. lo obl. *GdP*. 7, 44. — **oblidarai lo** = 1. sg. fut. u. lo obl. *PVi*. 36, 20. — **darai lo** = 1. sg. fut. u. lo obl. *BdB*. 6, 16.

79.] **perdei lo** = 1. sg. perf. u. lo obl. *PVi*. 4, 3. — estei lo = 3. sg. präs. c. u. lo nom. *PVi*. 41, 30 mit zwischentretender Cäsur: De lai s'estei lo valens reis n'Anfos.

2. Nach Paroxytonis.

80.] **dire lo** = Infin. u. lo obl. *GdP*. 7, 39. — **Guillelme lo** = nom. propr. u. lo obl. *Chr*. 86, 17.

81.] **conosci lo** = 1. sg. präs. i. und lo obl. *Chr*. 23, 27. — **Machari lo** = nom. propr. u. lo obl. *Chr*. 86, 14. — **Ameli lo** = nom. propr. u. lo obl. *Chr*. 86, 29. — **epotecari lo** = Subst. u. lo obl. *Chr*. 321, 35. — **nesi lo** = Adj. u. lo obl. *PdC*. 6, 18.

82.] **para lo** = 3. sg. präs. i. und lo obl. *Chr.* 55, 8. — **regna lo** = 3. sg. präs. i. und lo nom. *Chr.* 373, 22. — **agrada lo** = 3. sg. präs. i. und lo nom. *PVi.* 38, 2. — **sia lo** = 3. sg. präs. c. und lo nom. *GdC.* 3, 30. — **fora lo** = 3. sg. cond. und lo nom. *Chr.* 168, 22.

83.] **era lo** = Adv. u. lo nom. *GdC.* 1, 26. *GRiq.* 81, 17. — **paterna lo** = Subst. u. lo obl. *Chr.* 5, 4 mit trennender Cäsur: Deu la paterna, lo rei omnipotent. — **Roma, lo** = nom. propr. voc. u. lo nom. *GFig.* 2, 90.

84.] **Mallio lo** = nom. propr. u. lo obl. *Chr.* 2, 9; die Cäsur trennt beide: Aprob Mallio lo rei emperador.

§ 2.
La, art. fem. sg. nom. und obl.

85.] Mall (Einltg. z. Comp. p. 35) stellt für das Altfrs. die Behauptung auf, dass es keine Enclitica gebe, deren Vocal auf lat. «*a*» beruhe. Soweit das Pronomen «*la*» in Betracht kommt, ist dies nicht ausnahmslos zuzugeben. Gengnagel (Die Kürzung der Pronomina hinter voc. Auslaut im Altfrz.) verzeichnet mehrere Fälle der Anlehnung von «*la*». Bei dem Mangel einer Untersuchung über das Anlehnen des Artikels ist die Frage hinsichtlich des Art. «*la*» nicht allgemein zu entscheiden. (In Betreff der Contraction des pic. zu «*le*» abgeschwächten weibl. Art. vgl. Tobler Vom frz. Versb. 27, Anmerk. 8.) Im Provenz. habe ich folgende Übersicht gefunden:

I. Anlehnung.
A. Anlehnung an einsilbige Wörter.

86.] de*l* = de + la *GRiq.* 70, 32; jedenfalls Schreibfehler des Copisten, da die Bestimmtheit des Artikels wegen des Zusatzes «*de Lautre*» überflüssig ist; es ist zu lesen: De vescomtessa Na Vaqueira. — a*l* = a + la *Chr.* 230, 22; eine Conjectur von Bartsch: das «*cor*» der Hs. ist beizubehalten und zu schreiben: Negun jorn al cor d'amor.

87.] el = et + la nom. *Chr.* 72, 23. 95, 9. 130, 2, 19. 131, 11. 152, 35. *PVi.* 17, 21. 36, 16. 46, 23, 41. *BdB.* 31, 48. *ADa.* 11, 2. 13, 3, 11. *GRiq.* 48, 7. 66, 3. 74, 28.

88.] el = et + la obl. *Chr.* 74, 6; von den 3 Hss. bietet es nur R; in E fehlt es und M liest «*l'aver*», das ich einsetze Qu'el ac lo sen e l'aver en bailia. — *Chr.* 179, 4; die einzige Hs. hat «*e la man*»; das «*man*» ist, weil schon in der vorhergehenden Zeile befindlich, zu streichen: La man senestra crotlara E la destra meneill denan. — *ADa.* 10, 39; Canello hat für den ersten Teil des Verses die Lesart der Gruppe ABIKN² angenommen, während er für den zweiten die von VUDHaCR einsetzt. Mit welchem Recht? Auch für den zweiten Teil ist die Lesart der ersten Gruppe vorzuziehen, da Can.'s Bedenken, den pl. «*motz*» und den sg. «*rima*» zusammenzubringen, gar keine Entscheidung innewohnt, vielmehr «*rima*» aus dem Reimbedürfnis hervorgegangen sein kann. Deshalb lese man: Car sim fatz los motz en rima.

Quel = a) Conj. que + la.

89.] quel = quar + la nom. *Chr.* 210, 8. 246, 25. *GdC.* 1, 8. *PVi.* 17, 20. *PdC.* 11, 16.

90.] quel = Conj. «dass» (fin., consec., etc.) + la nom. *Chr.* 129, 21. 131, 1. 174, 34. 196, 22. *GdC.* 3, 2. *PVi.* 16, 47. *BdB.* 31, 48. *PdC.* 17, 4. 20, 8. 26, 6. *BZo.* 13, 13. *GRiq.* 19, 5. 86, 47*).

91.] quel = Conj. «dass» + la obl. *ADa.* 5, 20; vgl. Canello's Anm. dazu; nur E hat die Lesart, welche deswegen sehr unsicher ist.

quel = b) Pron. rel. que + la.

92.] quel = rel. neutr. o. sg. + la nom. *Chr.* 94, 33. *MdM.* II, 21. *GRiq.* 62, 7.

---

*) Der Herausgeber schlägt vor «dona s'an» zu lesen. Besser ist wohl zu trennen *Quel dona·s va'n a luy per son dever*, einmal der Überlieferung wegen und dann, weil das «*devetz*» der folgenden Zeile darauf hinweist, dass der Dichter den Fall als wirklich annimmt.

93.] quel = rel. m. o. pl. + la nom. *ADa.* 9, 4.
94.] sil = Conj. + la nom. *Chr.* 207, 24. *PdM.* 3, 46. — nil = Conj. + la obl. *BZo.* 2, 63; die eine der zwei Hss. bietet «ni». Man hat um so weniger Grund dies zu ändern, als beide statt «onransa» «onrals» lesen.
95.] valh = 3. sg. präs. i. + la obl. *BZo.* 1, 46.
96.] fol = 3. sg. perf. + la nom. *FdL. Rom.* 21.

B. Anlehnung an mehrsilbige Wörter.
An Paroxytona.

97.] sobrel = Präp. + la obl. *Chr.* 275, 10; die nur in einer Hs. befindliche Form ist zwanglos in «sobre» zu bessern; das Subst. «gen» erhält seine Bestimmtheit durch den folgenden Relativsatz; vgl. *BdB.* 18, 10.

98.] sonal = 3. sg. präs. i. + la nom. *Chr.* 130, 35. — sobral = 3. sg. präs. i. + la nom. *Chr.* 161, 28. — sechal = 3. sg. präs. i. + la nom. *ADa.* 3, 4. — ventalll = 3. sg. präs. i. + li (la) nom. *ADa.* 10, 12. — perdonal = 3. sg. präs. i. + la obl. *Chr.* 326, 42; nur in einer Hs. überliefert, wird «l» besser getilgt.

99.] respondialh = 3. sg. imperf. i. + li (la) nom.; (oder ist es li Pron.?) *BZo.* 10, 22.

100.] Tozal = Subst. voc. + la nom. Toza, la *GRiq.* 59, 41. — asperal = Adj. + la nom. *GRiq.* 47, 52.

II. Nichtanlehnung.
A. Nichtanlehnung nach einsilbigen Wörtern.

101.] e la = et u. la nom. *Chr.* 4, 22. 18, 27. 23, 13. 51, 4. 95, 6, 8. 96, 36. 129, 33. 131, 6. 209, 6. 213, 20. 246, 34. 320, 1. 366, 7. *JRu.* 3, 17. *PVi.* 6, 13. 36, 8. 41, 26. *BdB.* 2, 40. 9, 30, 33, 34. 19, 29, 37. 31, 14. *PdC.* 7, 26. 16, 31. *MdM.* 1, 60. 18, 18. *GRiq.* 6, 31. 17, 27. 18, 8. 26, 59.

102.] e la = et u. la obl. *Chr.* 20, 14. 96, 26. 122, 21. 125, 24. 127, 8. 128, 21. 146, 38. 319, 12. 326, 41. *GdC.* 3, 37. *PRo.* 9, 30. *PVi.* 1, 4. 15, 18. 19, 50. 21, 4. 24, 56. 37, 26. 44, 13. *BdB.* 19, 14. 32, 59. 33, 33. 44, 5. *PdC.* 3, 14. 8, 35. 23, 23. 27, 36. *ADa.* 15, 41. *BZo.* 3, 117. *GFig.* 4, 6. 6, 39. 9, 23, 25. *GRiq.* 69, 27. *PdM.* 6, 13.

que la = a) Conj. que und la.

103.] que la = quar u. la nom. *MdM.* I, 16. 3, 27. = quar u. la obl. *BdB.* 9, 45. 35, 43.

104.] que la = Conj. «dass» (fin., consec., etc.) u. la nom. *Chr.* 142, 30. 150, 6. 155, 34. 213, 40. *GdP.* 6, 17. *JRu.* 5, 41. *PVi.* 5, 42. *BdB.* 34, 15. *ADa.* 17, 21. *BZo.* 11, 36. *FdL. Rom.* 488. = Conj. «dass» u. la obl. *GdC.* 2, 31. *MdM.* 5, 17. *ADa.* 5, 6.

105.] que la = compar. Conj. u. la nom. *Chr.* 142, 23. 304, 20. 306, 40. *GRiq.* 87, 56.

que la = b) Pron. rel. u. la.

106.] que la = rel. neutr. o. sg. und la nom. *Chr.* 305, 4. = rel. m. n. sg. und la obl. *GRiq.* 84, 568. = rel. m. o. pl. und la obl. *Chr.* 6, 6.

107.] en la = Präp. u. la obl., nie contrahiert. *Chr.* 3, 42. 6, 34. 229, 28. 326, 25. *GdP.* 4, 45. *PVi.* 2, 14. 15, 24, 40; i. G. 8 B. *BdB.* 11, 6. 14, 60. 15, 26; i. G. 13 B. *PdC.* 1, 25. 12, 2. *MdM.* 3, 3. *ADa.* 12, 6, 29. *GFig.* 1, 13, 52; i. G. 6 B. *GRiq.* 6, 48. 19, 55, 56; i. G. 17 B. *FdL.* 1, 2. 3, 13; i. G. 6 B.

108.] per la = Präp. u. la. obl., gleichfalls nie contrahiert. *Chr.* 174, 33. 329, 4. 331, 11. 341, 32. 343, 28. 360, 24. *GdP.* 5, 55. 8, 35. *GdC.* 7, 3. *PVi.* 3, 65. 6, 10. 36, 20. *BdB.* 9, 50; i. G. 9 B. *PdC.* 1, 20; i. G. 5 B. *MdM.* 5, 52. *GFig.* 6, 35. *GRiq.* 7, 9. 18, 5; i. G. 10 B. *FdL. Rom.* 503. *PdM.* 7, 6.

109.] se la = Pron. absol. u. la obl. *Chr.* 323, 14. — be la = Adv. u. la obl. *Chr.* 343, 25. — te la = 3. sg.

präs. i. und la obl. *Chr.* 343, 26. — **ve la** = 3. sg. präs. i. venir u. la nom. *PdC.* 2, 10.

110.]   **ni la** = Conj. u. la nom. *Chr.* 101, 11. 364, 1. *PVi.* 34, 6.   = Conj. u. la obl. *PdC.* 23, 9. — **si la** = Conj. u. la nom. *Chr.* 328, 24. *PVi.* 29, 53. *MdM.* 6, 11. *G Fig.* 2, 8. — **mi la** = Pron. conj. u. la nom. *GRiq.* 58, 2.   = Pron. absol. u. la obl. *GdC.* 1, 18 mit zwischentretender Cäsur: Don eug de mi la greu dolor mover. — **qui la** = Pron. rel. m. n. sg. und la obl. *PVi.* 30, 42. *GFig.* 9, 31. *GRiq.* 80, 149. 84, 164, 834.

111.]   **ja la** = Adv. u. la nom. *Chr.* 101, 10.   = Adv. u. la obl. *PVi.* 39, 17.

112.]   **o la** = Conj. aut u. la obl. *Chr.* 95, 23. 322, 14. — **tro la** = Conj. u. la nom. *Chr.* 101, 8. 102, 8.   = Conj. u. la obl. *BdB.* 31, 7.   = Präp. u. la obl. *Chr.* 317, 36, 318, 33. *GRiq.* 6, 10. 21, 35. 64, 17. 71, 137. 84, 411. *Fdl. Rom.* 357, 394. — **fo la** = 3. sg. perf. u. la nom. *Chr.* 325, 20. — **so la** = Pron. dem. u. la nom. *MdM.* III, 35.

113.]   **vei la** = 1. sg. präs. i. und la obl. *PVi.* 6, 9. 35, 3. *BdB.* 2, 2. *GRiq.* 8, 11.

114.]   **vai la** = 3. sg. präs. i. und la obl. *Chr.* 4, 15. — **ai la** = 1. sg. präs. i. und la obl. *PVi.* 24, 55. *MdM.* 6, 15. — **fai la** = 3. sg. präs. i. und la nom. *BdB.* 21, 53.   = 3. sg. präs. i. und la obl. *PdC.* 26, 25.

115.]   **ieu la** = Pron. pers. u. la obl. *MdM.* 1, 23.

B. Nichtanlehnung nach mehrsilbigen Wörtern.

1. Nach Oxytonis.

116.]   **auzi la** = 3. sg. perf. auzir u. la obl. *Chr.* 371, 34. — **flori la** = 3. sg. perf. u. la nom. *ADa.* 18, 25.

117.]   **cobrara la** = 3. sg. fut. u. la obl. *Chr.* 207, 17. — **aura la** = 3. sg. fut. u. la obl. *BdB.* 13, 20.

118.] **aiso la** = Pron. u. la nom. *GRiq.* 84, 317. — enpero la = Conj. u. la obl. *GRiq.* 87, 7.

119.] **segrai la** = 1. sg. fut. u. la obl. *GRiq.* 3, 57.

120.] **trobey la** = 1. sg. perf. u. la obl. *GdP.* 5, 3.

2. Nach Paroxytonis.

121.] **mostre la** = 3. sg. präs. c. und la obl. *Chr.* 179, 11. — **sobre la** = Präp. u. la obl. *Chr.* 6, 14. 179, 15. *PVi.* 1, 6. *BdB.* 31, 42, 47. — **entre la** = Präp. u. la obl. *PVi.* 17, 12. *MdM.* 1, 54. *GFig.* 5, 41.

122.] **entendi la** = 1. sg. präs. i. und la obl. *GRiq.* 84, 729.

123.] **apella la** = 3. sg. präs. i. und la obl. *Chr.* 4, 26. — **signifiga la** = 3. sg. präs. i. und la obl. *Chr.* 6, 13. — **porta la** = 3. sg. präs. i. und la obl. *Chr.* 171, 29. 175, 3. — **sembla la** = 3. sg. präs. i. und la nom. *PVi.* 16, 57. — **agrada la** = 3. sg. präs. i. und la nom. *PVi.* 38, 1. — **ama la** = 3. sg. präs. i. und la obl. *BdB.* 2, 50. — **adousa la** = 3. sg. präs. i. und la nom. *BdB.* 35, 3. — **dona la** = 3. sg. präs. i. und la obl. *BdB.* 45, 11. — **perdona la** = 3. sg. präs. i. und la obl. *PdC.* 27, 25. — **leva la** = 3. sg. präs. i. und la obl. *GRiq.* 82, 154. — **geta la** = 3. sg. präs. i. und la obl. *FdL. Rom.* 245.

124.] **sapcha la** = 3. sg. präs. c. und la obl. *Chr.* 327, 30. — **sia la** = 3. sg. präs. c. und la nom. *MdM.* 4, 12. — **failla la** = 3. sg. präs. c. und la nom. *MdM.* 15, 46. — **veya la** = 3. sg. präs. c. vezer u. la nom. *GRiq.* 61, 72. — **prena la** = 3. sg. präs. c. und la obl. *GRiq.* 85, 9. — **remanha la** = 3. sg. präs. c. und la nom. *GRiq.* 94, 56.

125.] **era la** = 3. sg. imperf. i. und la nom. *GRiq.* 18, 15 mit zwischentretender Cäsur: Quar elh era la pus nobla persona.

126.] **levada la** = Part. u. la obl. *Chr.* 126, 25. — **preza la** = Part. u. la obl. *Chr.* 322, 37. — **mostrada la**

= Part. u. la obl. *MdM.* 5, 57. — **noyrida la** = Part. u. la nom. *GRiq.* 2, 19.

127.] **dona la** = Subst. u. la obl. *GRiq.* 70, 136. — **Maria la** = nom. propr. u. la nom. *Chr.* 130, 18. — **Roma, la** = nom. propr. u. la nom. *GFig.* 2, 104. — **Catalunha la** = nom. propr. u. la obl. *GRiq.* 54, 39. — **Narbona la** = nom. propr. u. la obl. *GRiq.* 76, 143. — **Sayssa la** = nom. propr. u. la nom. *GRiq.* 85, 6. — **tota la** = Adj. u. la obl. *Chr.* 2, 9. 365, 18. *PVi.* 46, 8. — **dextra la** = Adj. u. la nom. *Chr.* 7, 6. — **outra la** = Präp. u. la obl. *Chr.* 3, 6. 5, 25. *PVi.* 24, 20. 25, 13. — **contra la** = Präp. u. la obl. *PVi.* 37, 10, 55. *BdB.* 41, 5.

128.] **deu la** = Subst. u. la obl. *Chr.* 5, 4.

129.] **emblei la** = 1. sg. perf. u. la obl. *PVi.* 1, 87. — **amei la** = 1. sg. perf. u. la obl. *PVi.* 46, 7. — **leissei la** = 1. sg. perf. u. la obl. *GFig.* 9, 38. — **trobei la** = 1. sg. perf. u. la obl. *GRiq.* 57, 11. 58, 1. 60, 1.

«*Li*», art. fem. sg. n. erscheint offen:

130.] **que li** = Conj. u. li nom. *PdM.* 4, 32. — **sia li** = 3. sg. präs. c. und li nom. *BdB.* 16, 10.

§ 3.

Li, art. masc. pl. nom.

I. Anlehnung.

A. Anlehnung an einsilbige Wörter.

131.] **el** (elh, eil etc.) = et + li *Chr.* 95, 12. 128, 10, 16. 151, 23. 152, 36. 160, 3. 164, 13. 181, 24. 244, 28. 303, 17, 28. *GdP.* 4, 9, 59. 5, 32. *JRu.* 1, 5. *GdC.* 1, 9. 6, 22. *PVi.* 1, 7, 19, 68. 12, 15, 16, 34. 22, 10. 27, 76. *BdB.* 4, 11. 7, 2. 11, 29; i. G. 20 B. *PdC.* 2, 11. 5, 21. 15, 20. 22, 37. 27, 30. *MdM.* IVb, 4. 3, 27. 20, 15. *ADa.* 2, 7. 4, 5. 5, 2. 7, 29. 8, 2. *GFig.* 1, 5, 42. 2, 124. *BZo.* 3, 89.

7, 44. *GRiq.* 22, 7, 14. 28, 30. 36, 14. 37, 33; i. G. 15 B. *FdL.* 2, 34, 35. 5, 10; i. G. 10 B. *PdM.* 8, 45, 55, 75.

que*l* (quelb, queil, queill etc.) = a) Conj. que + li.

132.] quel = quar + li *Chr.* 164, 13. *GdP.* 4, 9, 62. 10, 39 (emend. aus quels). *PVi.* 8, 24. 35, 53. 42, 45. *BdB.* 14, 46. *GFig.* 1, 41. *GRiq.* 77, 40.

133.] quel = Conj. «dass» (fin., consec., etc.) + li *Chr.* 125, 22. 173, 19. 177, 25. *BdB.* 28, 46. 37, 7. *PdC.* 14, 37 (quil = queil). 18, 1. 22, 37. 24, 37. *ADa.* 16, 1. *BZo.* 14, 57. *GRiq.* 22, 23. 31, 25. 36, 14. 79, 472. *FdL.* 2, 34. *PdM.* 1, 1. 8, 56.

134.] quel = comp. Conj. + li *PVi.* 1, 49.

que*l* = b) Pron. rel. que + li.

135] quel = rel. m. o. sg. + li *GRiq.* 26, 66. = rel. f. o. sg. + li *PdC.* 1, 4. 26, 35. = rel. neutr. o. sg. + li *PVi.* 31, 21. *GRiq.* 74, 74. 79, 596. 84, 570. *PdM.* 3, 32.

136.] si*l* = Conj. + li *PRo.* 7, 33. *BdB.* 4, 48. *MdM.* 3, 27. — ni*l* = Conj. + li *MdM.* III, 22.

137.] no*lh* = Adv. + li *BdB.* 45, 19. — doi*l* = Adv. + li, de ubi illi *ADa.* 2, 1. — o*l* = Conj. aut + li *GRiq.* 79, 472. — co*l* = Adv. + li *Chr.* 92, 4. *GRiq.* 84, 129. — so*lh* = 3. pl. präs. i. + li *BdB.* 45. 33.

B. Anlehnung an mehrsilbige Wörter.

1. An Oxytona.

138.] pero*lh* = Conj. + li *PVi.* 25, 31.

2. An Paroxytona.

139.] fero*l* = 3. pl. perf. + li *Chr.* 85, 22. — foro*lh* = 3. pl. perf. + li *BdB.* 31, 27.

140.] manjo*l* = 3. pl. präs. i. + li *Chr.* 207, 2. — dizo*lh* (dizoill, disoil) = 3. pl. präs. i. + li *Chr.* 324, 46. *MdM.* IVb, 6, 31. *GFig.* 9, 7. — creisso*l* = 3. pl. präs. i. + li

PVi. 6, 51. *GRiq.* 84, 398. — **agradel** = 3. pl. präs. i. + li
PVi. 22, 55. — **tenol** = 3. pl. präs. i. + li *GRiq.* 23, 6. —
morol = 3. pl. präs. i. + li *GRiq.* 92, 23.

II. Nichtanlehnung.
A. Nichtanlehnung nach einsilbigen Wörtern.

141.] **e li** = et u. li *BdB.* 21, 20, 22. 23, 20, 21, 22. 33, 4. 36, 17. 37, 40. *MdM.* 16, 16. 20, 16. *ADa.* 4, 5. *GRiq.* 45, 59. *Chr.* 67, 12 ist die Lesart, besonders auch wegen des nichtcontrahierten «*no se*» in der folgenden Zeile bedenklich. Auf Grund der Hss. ist zu ändern: E remanod sol li abric Dels auzeletz, et es lor leis Qu'us hucimais de cantar nos tric. — *Chr.* 243, 30; durch erlaubten Einschub von «*tan*» ist gebessert in El seu bel oil tan amoros e gai. — *Chr.* 329, 25; «*et li*» einzuführen hindert Nichts. — *BdB.* 4, 11; D^c hat freilich «*eill*», doch vgl. 17, 25. — *BdB.* 14, 56; es liesse sich zwar ändern in: Sobre totz homs elh plus prezat, aber die Nichtcontraction von «*li*» scheint mir etwas *BdB.* Eigentümliches zu sein; vgl. «*que li*» 142]. — *BdB.* 17, 25 ist dieselbe Redewendung wie 4, 11 Li rei e li princi. — *GRiq.* 75, 566; besser wird gelesen: E tug l'enueg coral.

142.] **que li** = Conj. «dass» u. li *BdB.* 11, 36. 17, 24. 23, 45. *Chr.* 178, 25. Für das Simplex das Comp. «*ames*» einzuführen, erscheint gerechtfertigt: Pos quelh get li seran ames.

143.] **so li** = Pron. dem. u. li *ADa.* 6, 16. — **pro li** = Subst. u. li *GdP.* 4, 59.

B. Nichtanlehnung nach mehrsilbigen Wörtern.
1. Nach Oxytonis.

144.] **pero li** = Conj. u. li *GRiq.* 79, 387. 81, 150. — **amdui li** = Num. u. li *BdB.* 25, 9.

2. Nach Paroxytonis.

145.] **dire li** = Infin. u. li *BdB.* 31, 11. — **faicha li** = Part. u. li *BdB.* 31, 2.

§ 4.
Los, art. masc. pl. obl.

I. Anlehnung.

A. Anlehnung an einsilbige Wörter.

146.] de*ls* und a*ls* erscheinen nie aufgelöst.

147.] e*ls* = et + los *Chr.* 96, 25. 97, 4. 145, 37, 42. 147, 4, 38. 159, 12.; i. G. 16 B. *GdC.* 3, 6, 44. *PVi.* 2, 23. 3, 39. 27, 74. 28, 65. 37, 26. 38, 29. *BdB.* 5, 8. 6, 21. 12, 53. 24, 46. 29, 32. 30, 2. 32, 63. 40, 16. *PdC.* 2, 13, 14. 13, 34. 15, 10, 11. 16, 1, 3. 22, 8. 23, 24. *MdM.* 2, 40. 15, 54. *ADa.* 9, 5. 15, 44. *GFig.* 9, 25, 30. *BZo.* 3, 30. 5, 74. 14, 44. *GRiq.* 4, 18. 9, 49. 10, 38; i. G. 41 B. *FdL. Rom.* 358.

que*ls* = a) Conj. que + los.

148.] quels = quar + los *Chr.* 289, 12. *PVi.* 5, 55. 27, 74. 41, 4. *BdB.* 4, 24. 11, 40. *GRiq.* 30, 24. 72, 224. 84, 416.

149.] quels = Conj. «dass» (fin., consec., etc.) + los *Chr.* 145, 37. 157, 20 (los nom. gebraucht). 329, 5. *PdC.* 2, 13. *BZo.* 3, 29. *GRiq.* 5, 38. 7, 23, 36, 39. 17, 11. 52, 6. 80, 152, 296. 84, 399.

150.] quels = comp. Conj. + los *Chr.* 140, 8. *PdC.* 11, 8. *BZo.* 3, 31. *GRiq.* 81, 153. 84, 11 (Anh.). 94, 76. 95, 52.

que*ls* = b) Pron. rel. + los.

151.] quels = rel. m. n. sg. + los *Chr.* 146, 16. *ADa.* 5, 28. *FdL.* 7, 33. = rel. f. n. sg. + los *GdP.* 4, 47. *GRiq.* 4, 11.

152.] e*ls* = Präp. en + los *Chr.* 152, 35. *GdC.* 3, 2. *BdB.* 3, 9. *MdM.* II, 39. IVa, 41. *ADa.* 11, 2, 23. *GFig.* 2, 111. *BZo.* 11, 36. *GRiq.* 24, 47.

153.] pe*ls* = Präp. per + los *Chr.* 22, 3 (pes), 67, 17. 86, 32. 90, 20, 21, 28, 29. 157, 21. 166, 2. 176, 7. *JRu.* 5, 35.

GdC. 3, 4, 5. *PVi.* 22, 42. 31, 11. 45, 47. *BdB.* 8, 41. 35, 1. *PdC.* 25, 31. *MdM.* 17, 12. *BZo.* 7, 18. 13, 49. 14, 14. *GRiq.* 77, 37. 96, 51. *PdM.* 2, 1. 6, 8. 8, 97, 98.

154.] vel*s* = 3. sg. präs. i. vezer + los *PdC.* 23, 22.

155.] sil*s* = Conj. + los *GdP.* 2, 10. *PVi.* 12, 32. *BdB.* 3, 8. *ADa.* 9, 17. *GRiq* 30, 21. — nil*s* = Conj. + los *Chr.* 106, 1. 330, 7. *PVi.* 28, 9. 39, 15. *ADa.* 14, 14. *GFig.* 2, 129. *GRiq.* 28, 21. *FdL. Rom.* 476. — quil*s* = Pron. rel. m. n. sg. + los *Chr.* 1, 17. 167, 2. *GdC.* 7, 15. *ADa.* 8, 9. *GRiq.* 84, 26, 539.

156.] fal*s* = 3. sg. präs. i. + los *Chr.* 149, 27. 324, 24. *PVi.* 17, 14. 20, 33. *ADa.* 9, 2. — al*s* = 3. sg. präs. i. + los *GRiq.* 92, 5.

157.] nol*s* = Adv. + los *GdP.* 2, 9. — trol*s* = Conj. + los *PdC.* 2, 28. = Präp. + los *GRiq.* 6, 25.

B. Anlehnung an mehrsilbige Wörter.

An Paroxytona.

158.] entrel*s* = Präp. + los *Chr.* 71, 25. 72, 25. 149, 21. 169, 14. *PVi.* 10, 36. 15, 30. 31, 15. 41, 15. *BdB.* 6, 5. 8, 2. 18, 4. 19, 9. 33, 32. *PdC.* 14, 36. *ADa.* 8, 1. *BZo.* 8, 27. 10, 61, 62. 12, 16. *GRiq.* 18, 36. 22, 13. 42, 40. 52, 5. 54, 9. 75, 165. 79, 613. 95, 33. 97, 13. *FdL.* 2, 33. — sobrel*s* = Präp. + los *Chr.* 73, 1. 125, 21. *PdC.* 2, 6. 26, 72. *GRiq.* 1, 21.

159.] destruirel*s* = Infin. + los *PVi.* 29, 88. — metrel*s* = Infin. + los *GRiq.* 79, 590.

160.] contral*s* = Präp. + los *Chr.* 149, 4. 276, 20. — comal*s* = Conj + los *GFig.* 2, 161.

161.] honral*s* = 3. sg. präs. i. + los *Chr.* 126, 23. *GRiq.* 96, 24 nur Conjectur. — passal*s* = 3. sg. präs. i. + los *Chr.* 167, 3. *GRiq.* 84, 27, 540. — getal*s* = 3. sg. präs. i. + los *Chr.* 181, 27. — enojal*s* = 3. sg. präs. i. + los *PVi.* 3, 18; besser vielleicht enoj'als. — pleral*s* = 3. sg.

präs. i. + los *PVi.* 3, 59. 25, 43. — **terbals** = 3. sg. präs. i. + los *PVi.* 6, 3. — **dezencolpals** = 3. sg. präs. i. + los *PVi.* 24, 38. — **forsals** = 3. sg. präs. i. + los *MdM.* 2, 40. — **donals** = 3. sg. präs. i. + los *GRiq.* 23, 23. — **averals** = 3. sg. präs. i. + los *GRiq.* 42, 14. — **apelals** = 3. sg. präs. i. + los *GRiq.* 80, 197. — **ensenhals** = 3. sg. präs. i. + los *GRiq.* 96, 11.

162.] **queirals** = 3. sg. präs. c. + los *BZo.* 14, 43. — **prendals** = 1. sg. präs. c. + los *GRiq.* 89, 10. = 3. sg. präs. c. + los *PVi.* 25, 20.

163.] **avials** = 1. sg. imperf. i. + los *Chr.* 145, 28.

164.] **mourials** = 3. sg. cond. mover + los *BdB.* 45, 46. — **passerals** = 3. sg. cond. + los *GRiq.* 96, 50.

165.] **Romals** = nom. propr. voc. + los, Roma, los *GFig.* 2, 95.

166.] **chantols** = 3. pl. präs. i. + los, nom. gebraucht *Chr.* 101, 15. — **virols** = 3. pl. präs. i. + los *Chr.* 153, 22. — **raubols** = 3. pl. präs. i. + los *MdM.* 15, 35. — **dezeretols** = 3. pl. präs. i. + los *FdL. Rom.* 134. — **vivols** = 3. pl. präs. i. + los *FdL. Rom.* 138. — **levols** = 3. pl. präs. i. + los *FdL. Rom.* 140.

II. Nichtanlehnung.

A. Nichtanlehnung nach einsilbigen Wörtern.

167.] **e los** = et u. los *Chr.* 180, 12; die nur nach einer Hs. gedruckte Stelle wird, mit Rücksicht auf den Beginn eines neuen Satzes, besser lauten: Els oills el te claus per dormir.

168.] **que los** = consec. Conj. u. los *BdB.* 29, 32; vorzuziehen ist die Variante von TVU »que sos«.

169.] **que los** = Pron. interr. o. sg. neutr. u. los *PdM.* 8, 31; als Interrogativ ist que tonfähig und im Reim verwendbar; das ist auch der Grund für die vorliegende Nichtcontraction.

170.] **per los** = Präp. u. los *Chr.* 165, 17. 176, 8. 360, 36. *BdB.* 6, 2. *GFig.* 2, 114. *BZo.* 2, 52. *GRiq.* 44, 9. 75, 14. 79, 228, 436, 774. 95, 85. *PdM.* 6, 8.

171.] **ni los** = Conj. u. los *PdC.* 13, 27. — **si los** = Conj. u. los *BZo.* 8, 36; die Anmerkung Levy's ist eine unbewiesene Behauptung; ich glaube, dass ein Schreibfehler vorliegt, welcher in «*si las*» zu bessern ist.

172.] **a los** = 3. sg. präs. i. und los *GRiq.* 17, 43.

173.] **sai los** = Adv. u. los *Chr.* 130, 23. — **fai los** = 3. sg. präs. i. und los *Chr.* 51, 20. 164, 23. *PVi.* 42, 43. *BdB.* 10, 19. *GRiq.* 82, 61. 96, 3. — **tray los** = 3. sg. präs. i. und los *Chr.* 306, 16.

174.] **vey los** = 1. sg. präs. i. von vezer u. los *Chr.* 166, 2. 227, 31. *GRiq.* 22, 15. 45, 9 mit zwischentretender Cäsur: De tolre vey los poderos arditz.

175.] **deu los** = 3. sg. präs. i. und los *GRiq.* 80, 7. 82, 58. — **trieu los** = Adj. u. los *GRiq.* 83, 176. — **ieu los** = Pron. pers. u. los. *GRiq.* 91, 47.

176.] **jau los** = 1. sg. präs. i. und los *Chr.* 153, 14. — **clau los** = 1. sg. präs. i. und los *ADa.* 17, 37.

B. Nichtanlehnung nach mehrsilbigen Wörtern.

1. Nach Oxytonis.

177.] **segra los** = 3. sg. fut. u. los *BdB.* 63, 42 durch die Cäsur getrennt: O si segra los uzatges Carlo. — **sograi los** = 1. sg. fut. u. los *PVi.* 23, 6. — **mentau los** = 3. sg. präs. i. und los *GRiq.* 79, 478.

2. Nach Paroxytonis.

178.] **laissa los** = 3. sg. präs. i. und los *Chr.* 146, 1. — **fassa los** = 3. sg. präs. c. und los *BdB.* 21, 52. — **aiga los** = Subst. u. los *BdB.* 1, 9.

§ 5.
Las, art. fem. pl. nom. u. obl.,
erscheint nirgends contrahiert.

§ 6.
Me, pron. pers. 1. sg. acc. u. dat.

179.] *em* = et + me acc. *Chr.* 49, 5. 59, 8. 63, 27. 65, 22. 66, 19, 25. 96, 42. 98, 8. 107, 12. 122, 5, 25. 131, 28. 139, 24. 142, 35. 148, 9. 158, 25. 291, 35. *GdP.* 6, 3, 7. *JItu.* 1, 48. *GdC.* 3, 8. *PRo.* 2, 5, 7. 4, 47. *PVi.* 6, 8, 35, 44, 49. 8, 16. 12, 21. 15, 12. 18, 14. 19, 56. 22, 45. 27, 76. 28, 28, 46. *BdB.* 19, 20. 21, 3. 44, 22, 23. *PdC.* 3, 44. 4, 13. 8, 6. 20, 4, 23. 21, 32. *MdM.* 11, 6. 2, 14. 4, 21. *ADa.* 3, 14, 16. 5, 27. 14, 34. 17, 4, 17. *GFig.* 1, 19. *BZo.* 10, 141. *GRiq.* 1, 20. 7, 7. 13, 7. 15, 34. 19, 3. 35, 39. 39, 12. 77, 393. 78, 265. 81, 58, 248. 84, 846. *PdM.* 2, 43. 3, 30.

180.] em = et + me dat. *Chr.* 67, 1. 88, 31. 96, 12. 107, 5. 128, 20. 131, 28. 139, 18. 143, 30. 148, 9. 175, 22. 207, 29. 278, 30. *GdP.* 4, 24. *PRo.* 4, 47. *PVi.* 7, 38. 14, 27, 28. 18, 14, 15. 22, 43. 24, 64. 34, 34. 38, 47. 40, 18. 43, 17. *BdB.* 20, 38. 22, 15. 27, 4. 44, 24, 25. *PdC.* 9, 49. 11, 23. *MdM.* 2, 15. 19, 62. 20, 10. *ADa.* 3, 15. 5, 5. 10, 32. 12, 14, 22. 16, 12. *BZo.* 3, 37. 6, 17. 10, 56. 16, 8. *GRiq.* 1, 11, 13, 15. 3, 52. 7, 11, 12, 13, 15, 16, 19, 22. 26, 65. 47, 16. 48, 17. 50, 47. 81, 49. 83, 22. 84, 52.

que*m* = a) Conj. que + me.

181.] quem = quar + me acc. *Chr.* 122, 24. 362, 11. *PVi.* 9, 14. 11, 15. 44, 11. *BdB.* 10, 7. *PdC.* 2, 7. *GRiq.* 20, 40. 50, 40.

182.] quem = quar + me dat. *Chr.* 90, 17. 168, 18. 230, 19. *PVi.* 24, 31. *PdC.* 14, 42. *GRiq.* 23, 4, 5. 33, 32. 39, 38. 43, 14. 60, 12. 65, 1.

183.] quem = Conj. «dass» (fin., consec., etc.) + me acc. *Chr.* 50, 5. 65, 11. 68, 26. 70, 16. 87, 32. 104, 7. 121, 18. 139, 11. 144, 15. 153, 19. 198, 30. 280, 27, 35. 362, 9, 10. *GdC.* 3, 23. 5, 50. *PRo.* 8, 52. *PVi.* 2, 6. 3, 52. 5, 19, 24, 37. 12, 30, 50. *BdB.* 3, 6. 10, 8. 15, 51. 26, 10. 28, 59. *PdC.* 8, 11. 15, 13. 18, 28. 21, 31. 23, 8. 25, 22, 34. *MdM.* 2, 10. 3, 21, 22. 20, 14. *ADa.* 2, 15. 5, 12. 9, 65. 11, 28. 12, 46, 47. 17, 35. *BZo.* 3, 15. 4, 74. 9, 20. 10, 112. 15, 42. *GRiq.* 1, 2. 14, 22. 15, 14. 16, 33. 25, 26. 28, 6. 29, 3, 37. 43, 8. 44, 32. 47, 14. 48, 8, 17. 48, 57. 50, 15. 53, 4. 54, 4. 55, 11, 40. 73, 34. 75, 10. 76, 186. 78, 271. 84, 9. 90, 37, 48. 94, 10. *FdL.* 1, 4, 6. *PdM.* 5, 27.

184.] quem = Conj. «dass» + me dat. *Chr.* 52, 15. 70, 10. 68, 25. 71, 28. 77, 11. 78, 9. 95, 23, 26. 98, 15. 103, 28. 104, 22. 107, 9. 122, 15. 152, 17. 153, 2. 157, 34. 159, 14. 209, 17. 243, 34. 279, 37. 359, 33, 34. 360, 17. 361, 8, 22. *GdP.* 7, 47. *JRu.* 3, 27. *GdC.* 3, 30. 7, 12, 30. *PRo.* 6, 30. 8, 43. *PVi.* 14, 64. 15, 34. 24, 51. 29, 20. 43, 7. 44, 49, 55. 45, 9. *BdB.* 12, 29, 32, 42, 56. 15, 12. 21, 14. 32, 48. *PdC.* 3, 40, 43. 8, 8. 18, 42. 19, 20. 20, 32. *MdM.* 3, 51. 18, 28. *ADa.* 12, 42. *BZo.* 2, 41. 3, 70, 93. 5, 4. 13, 3, 52. 14, 2. *GRiq.* 3, 45. 7, 25. 14, 14, 20. 21, 15, 20. 24, 4, 16. 29, 49. 35, 29. 48, 5. 50, 44. 57, 57. 60, 9. 61, 57. 64, 9. 69, 81. 70, 130. 84, 860. 88, 37. 90, 38, 55. 91, 33. 94, 10. *PdM.* 5, 38.

quem = b) Pron. rel. que + me.

185.] quem = rel. m. n. sg. + me acc. *Chr.* 63, 25. 360, 32. *JRu.* 1, 48. 5, 52. 6, 13. *PVi.* 22, 44. 27, 36. 28, 46. 42, 29. 45, 30. *PdC.* 2, 5. 20, 25. 25, 20. *BZo.* 9, 59. *GRiq.* 6, 43. 7, 15. 11, 80. 12, 56. 13, 41. 21, 16. 25, 31. 31, 52. 39, 17. 45, 63. 47, 10. 56, 10.

186.] quem = rel. m. n. sg. + me dat. *Chr.* 87, 31. 93, 20. 96, 12. 145, 25. 175, 22. 362, 23. *GdP.* 1, 46. *PVi.* 3, 51. 10, 26. 34, 34. 43, 24. *PdC.* 4, 44. *MdM.* IVa, 4

17, 13. *ADa.* 15, 1. *BZo.* 6, 2. *GRiq.* 29, 53. 55, 21. 75, 33. 83, 3. *FdL.* 3, 10.

187.] quem = rel. m. o. sg. + me acc. *GdC.* 1, 25. 4, 27. *PVi.* 27, 4.

188.] quem = rel. m. o. sg. + me dat. *Chr.* 61, 1. 89, 2. 96, 30. 159, 23. 198, 16. 275, 30. *PRo.* 3, 30. *PVi.* 27, 59. 30, 14. *BdB.* 19, 25, 33. *PdC.* 18, 30. 22, 41. *MdM.* 2, 22. *BZo.* 6, 89. *GRiq.* 13, 7. 47, 24. 78, 240. *FdL.* 5, 54.

189.] quem = rel. f. n. sg. + me acc. *Chr.* 65, 22. 106, 35. 121, 15. 149, 26. 153, 15. 198, 26. 361, 12. *PVi.* 1, 22. 4, 57. 26, 7, 10. *PdC.* 15, 27. 20, 4. *ADa.* 3, 50. *BZo* 4, 40. *GRiq.* 3, 90. 6, 13. 7, 12. 14, 16. 87; 20. 91, 31. *FdL. Rom.* 374.

190.] quem = rel. f. n. sg. + me dat. *Chr.* 143, 22. 159, 9, 23. 277, 24. *JRu.* 6, 14. *GdC.* 3, 37. *PVi.* 1, 24. 24, 56. 28, 36. 42, 36. *BdB.* 10, 6. *PdC.* 4, 12. *MdM.* 1, 31. *ADa.* 6, 27. 7, 58. *GFig.* 5, 30. *GRiq.* 3, 10, 18. 23, 29. 65, 2. *PdM.* 1, 29.

191.] quem = rel. f. o. sg. + me dat. *Chr.* 200, 4. *GdC.* 7, 4. *PVi.* 26, 3. *PdC.* 3, 15. 22, 58. *GRiq.* 35, 3. 62, 16, 66.

192.] quem. = rel. f. n. sg. + me acc. *Chr.* 88, 19. 104, 26. *ADa.* 2, 45 (?). 7, 33. *GRiq.* 7, 11. 81, 247.

193.] quem = rel. neutr. n. sg. + me dat. *Chr.* 69, 28. 103, 30. *GdP.* 7, 27. *PVi.* 11, 17. *PdC.* 25, 23. *MdM.* 19, 73. *GRiq.* 53, 40. 73, 74. 75, 363. 79, 66, 79, 235, 241, 501, 553.

194.] quem = rel. neutr. o. sg. + me acc. *Chr.* 59, 7. 246, 1. *GdP.* 4, 11. *GdC.* 7, 12. *PVi.* 14, 27. 27, 54. 28, 11. 44, 23. *BdB.* 12, 69. 22, 4. 39, 35. *PdC.* 4, 27. *MdM.* 11, 29. *BZo.* 4, 16. *GRiq.* 6, 16. 7, 31. 64, 11. 65, 7, 12. 77, 12, 120. 83, 31. 85, 12. *FdL. Rom.* 25.

195.] quem = rel. neutr. o. sg. + me dat. *Chr.* 211, 29. 244, 28. 374, 17. *PVi.* 6, 28. 15, 9. 44, 60. *BdB.* 2, 8. 22, 14. 29, 4. *PdC.* 25, 44. *BZo.* 7, 52. 12, 25. *GRiq.* 1, 32.

32, 9. 33, 27. 39, 11. 72, 85, 243. 79, 553. 84, 82, 182. 84, 123, 557, 614, 731. 88, 46. 89, 23, 31. 93, 67. 95, 12.

196.]   quem = rel. m. n. pl. + me acc. *PdC.* 9, 12, —
197.]   quem = rel. m. n. pl. + me dat. *PVi.* 31, 42. *BdB.* 20, 29. *PdC.* 17, 35. *GRiq.* 19, 60.
198.]   quem = rel. m. o. pl. + me acc. *GRiq.* 73, 45.
199.]   quem = rel. m. o. pl. + me dat. *GdP.* 4, 59. *GdC.* 1, 10. *PVi.* 10, 5. 42, 2. 44, 39. *BdB.* 12, 37. *GRiq.* 91, 47.
200.]   quem = rel. f. o. pl. + me acc. *PVi.* 40, 31.
201.]   quem = rel. f. o. pl. + me dat. *GdC.* 7, 10. *PVi.* 28, 65.

quem = c) Pron. interr. que + me.
202.]   quem = interr. neutr. n. sg. + me dat. *PdC.* 14, 23. *GRiq.* 4, 40. 58, 49.
203.]   quem = interr. neutr. o. sg. + me acc. *PVi.* 40, 9. *MdM.* 6, 27.
204.]   quem = interr. neutr. o. sg. + me dat. *Chr.* 161, 7. *PVi.* 37, 21. 43, 5. *GRiq.* 61, 67.

205.]   **bem** = Adv. + me acc. *Chr.* 123, 25. 160, 16. *GdC.* 2, 5. *PVi.* 14, 1. 37, 5, 13. 42, 39. *PdC.* 4, 51. 22, 63. *MdM.* 3, 46. *GFig.* 2, 85. *GRiq.* 4, 9. 7, 42. 10, 1. 12, 1. 20, 28. 48, 52. 53, 1. 60, 52.
206.]   bem = Adv. + me dat. *Chr.* 131, 24. 154, 23. 163, 16. 198, 15. 278, 22. *GdP.* 1, 15. 4, 16. *JRu.* 5, 22, 25. *GdC.* 5, 50. *PVi.* 2, 45, 56. 3, 23. 9, 31. 24, 57. 44, 91. *BdB.* 8, 1. 12, 41. *PdC.* 8, 25. 9, 9. 16, 45. 18, 14. 23, 14. *MdM.* 4, 26. *ADa.* 2, 16, 37. 16, 40. *BZo.* 1, 71. 16, 48. *GRiq.* 3, 63. 6, 13. 20, 6. 34, 37. 42, 45. 48, 36. 37. 58, 15. 91, 37.

207.]   **tem** = Pron. pers. abs. + me acc. *Chr.* 3, 16, 23. — **fem** = 3. sg. perf. + me acc. *GRiq.* 33, 12. — **crem** = 1. sg. präs. i. + me acc. *GRiq.* 60, 36. *FdL.* 1, 29.
208.]   **sim** = Conj. + me acc. *Chr.* 53, 4. 59, 29. 65, 7. 96, 37. 104, 28. 122, 7. 128, 27. 148, 20. 205, 19.

320, 11. *GdP.* 1, 49. 4, 44. 8, 37. *GdC.* 2, 28. 4, 25. *PRo.* 4, 45. *PVi.* 5, 46. 7, 51. 9, 43, 44. 19, 1, 60. 20, 5. 21, 46. 24, 53. 25, 57. 26, 30. 46, 30. *PdC.* 2, 9. 12, 18. 14, 15. 15, 18. 16, 16. 27, 21. *MdM.* 5, 31. 6, 33. *ADa.* 9, 38. *BZo.* 6, 5, 59, 68. *GRiq.* 1, 7, 47. 27, 57. 47, 15. 50, 18.

209.] sim = Conj. + me dat. *Chr.* 50, 4. 53, 22. 63, 19. 95, 24. 104, 8. 105, 8. 123, 1. 154, 5. 158, 2. 324, 22. *GdP.* 1, 11. 4, 51. 5, 69. 6, 18. 7, 32. *JRu.* 1, 11. *GdC.* 1, 26. *PRo.* 6, 47, 54, 55. *PVi.* 6, 20. 7, 10. 29, 47. 30, 32. 31, 35. 32, 16. 35, 38. 37, 34. 40, 13, 14, 22. 41, 19. *BdB.* 34, 11. 35, 57. *PdC.* 6, 27. 8, 21, 36. 12, 31. 19, 45. 25, 11, 12, 44. *MdM.* 2, 25 (nach Suchier, Jahrb. XIII). 6, 48. *ADa.* 7, 57. 10, 39. 11, 29. 14, 30. 17, 1. *GRiq.* 1, 42. 3, 37. 5, 25. 7, 5, 32. 14, 19. 20, 25. 23, 18, 39. 45, 65. 71, 213. 75, 1. 77, 145. 79, 53. 83, 1. *FdL.* 1, 3.

210.] sim = Pron. refl. abs. + me acc. *ADa.* 8, 47. *BZo.* 13, 18.

211.] **nim** = Conj. + me acc. *Chr.* 102, 29. 210, 2. *GdC.* 6, 28. *PVi.* 7, 89. 30, 36. 34, 2, 29. 45, 43. *BdB.* 15, 12. 20, 27. *PdC.* 5, 28. 9, 40. 25, 22. 27, 7. *MdM.* IVa, 32. *ADa.* 9, 80. *GRiq.* 1, 3. 3, 22. 6, 8. 14, 45. 16, 52. 45, 63. 47, 5. 77, 13.

212.] nim = Conj. + me dat. *Chr.* 87, 9. 96, 32. 124, 10. 141, 28. 151, 13. 275, 3. *GdP.* 7, 27. *PVi.* 4, 56. 34, 36. 37, 36. *PdC.* 14, 26. 16, 44. 21, 20, 22. 22, 61. *MdM.* 4, 2. 5, 20. 19, 45. 20, 10. *ADa.* 16, 42. *GRiq.* 3, 3. 6, 9. 75, 400. 79, 371. 84, 384. 85, 26. *FdL.* 1, 6. 4, 12.

213.] **lim** = Pron. pers. m. + me acc. *Chr.* 123, 6. = Pron. pers. m. + me dat. *BdB.* 17, 37. = Pron. pers. f. + me acc. *Chr.* 152, 12. *PdC.* 11, 18. 18, 26. 19, 11, 17, 20. *ADa.* 7, 64. 12, 38. *GRiq.* 6, 7. 15, 13. *FdL.* 4, 14.

214.] **tim** = Pron. pers. abs. + me acc. *Chr.* 20. 26.

215.] **quim** = Pron. rel. m. n. sg. + me acc. *Chr.* 3, 22. 103, 26. *GdP.* 1, 22. 5, 61. 7, 23. *PVi.* 23, 20. 28, 7.

MdM. 5, 60. 20, 19. *BZo.* 9, 27. 10, 23, 141. *GRiq.* 23, 6. 61, 56. 62, 58.

216.] quim = rel. m. n. sg. + me dat. *Chr.* 47, 23. 103, 24. 104, 13. 107, 12. 157, 26. *GdP.* 1, 16, 17, 53. *PRo.* 2, 19. *PVi.* 35, 44. 46, 13. *BdB.* 19, 39. *PdC.* 20, 32. 21, 1, 3 (?). 23, 28. *MdM.* 18, 28. 20, 10. *ADa.* 7, 50. 10, 21. *BZo.* 10, 55. *GRiq.* 31, 1.

217.] quim = rel. f. n. sg. + me acc. *PdC.* 21, 33. *BZo.* 10, 69.

218.] dim = 2. sg. imperat. + me dat. *Chr.* 64, 24. *PRo.* 3, 64. *BdB.* 29, 43. 45, 50 (nur conjicirt). *GFig.* 4, 47.

219.] mim = Pron. pers. conj. + me acc. *Chr.* 245, 30; das «mi» der Hs. wird besser in «mi'n» = «me'n» aufgelöst.

220.] jam = Adv. + me acc. *BZo.* 12, 4, 42, 56. = Adv. + me dat. *MdM.* 1, 24. *GRiq.* 16, 1.

221.] lam = Pron. pers. f. + me dat. *Chr.* 3, 28. 106, 36. 148, 23. 172, 4. *JRu.* 1, 28. 2, 25. *PRo.* 1, 42. 7, 18. *BdB.* 21, 64. 33, 11. *PdC.* 7, 8. 18, 23. 19, 19. *ADa.* 10, 23. 14, 15. *BZo.* 13, 35. *GRiq.* 3, 59. 27, 41. *PdM.* 2, 29. 4, 25.

222.] am = 3. sg. präs. i. + me acc. *PVi.* 8, 26. *BdB.* 10, 31. 28, 54. *GRiq.* 33, 16. 35, 8. = 3. sg. präs. i. + me dat. *PVi.* 2, 5. *BdB.* 28, 55. *GRiq.* 82, 36. — fam = 3. sg. präs. i. + me acc. *ADa.* 9, 63.

223.] nom = Adv. + me acc. *Chr.* 22, 34. 48, 14. 59, 2, 15, 17; i. G. 55 B. *GdP.* 1, 38. 5, 60; i. G. 9 B. *JRu.* 1, 20. 2, 16; i. G. 11 B. *GdC.* 5, 40, 80, 84, 86. 6, 27. *PRo.* 1, 40. 2, 29; i. G. 7 B. *PVi.* 2, 40. 4, 70; i. G. 37 B. *BdB.* 2, 43. 4, 48; i. G. 14 B. *PdC.* 3, 26. 4, 45; i. G. 18 B. *MdM.* II, 30; i. G. 5 B. *ADa.* 2, 28, 46; i. G. 8 B. *GFig.* 2, 2, 8. 4, 1. *BZo.* 2, 37. 5, 63; i. G. 7 B. *GRiq.* 1, 3. 8, 51. 2, 41; i. G. 58 B. *FdL.* 1, 27. 4, 13. *PdM.* 1, 40; i. G. 5 B.

224.] nom. = Adv. + me dat. *Chr.* 56, 4. 60, 3. 61, 3; i. G. 40 B. *GdP.* 3, 2. *JRu.* 1, 19; i. G. 6 B. *GdC.* 1, 16; i. G. 7 B. *PRo.* 2, 4, 15; i. G. 8 B. *PVi.* 3, 53. 6, 27; i. G. 46 B. *BdB.* 5, 9, 25. 8, 43; i. G. 17 B. *PdC.* 2, 20. 3, 38; i. G. 32 B. *MdM.* 1, 8, 12; i. G. 18 B. *ADa.* 2, 11. 6, 9, 14; i. G. 18 B. *GFig.* 2, 47, 51. *BZo.* 1, 80, 90. 2, 6; i. G. 12 B. *GRiq.* 1, 54. 2, 20. 3, 62, 89; i. G. 92 B. *FdL.* 1, 5. 3, 7. *PdM.* 1, 11. 2, 25; .i. G. 6 B.

225.] som = Pron dem. + me acc. *PVi.* 1, 89. 3, 67. *PdC.* 4, 10. *GRiq.* 8, 25. = Pron. dem. + me dat. *Chr.* 56, 15. 70, 8. 96, 32. 160, 27. 277, 26. 362, 25. *PVi.* 28, 21. *BdB.* 3, 43. 22, 24. 34, 36. *PdC.* 18, 16. *MdM.* III, 24. *ADa.* 13, 5. *GRiq.* 6, 11. 9, 10. 13, 68. 34, 4. 56, 22. 62, 57. 70, 119. 75, 61. 77, 160. 79, 59, 282, 488. 81, 142. 84, 121, 418, 507, 793, 816, 931. 87, 26. 94, 37. 95, 22. *PdM.* 8, 52.

226.] lom = Pron. pers. m. + me dat. *Chr.* 104, 8. 139, 31. 276, 33. 277, 3. *GdP.* 7, 45. 9, 30. *PRo.* 4, 55. 5, 37. *PVi.* 13, 54. 34, 7. *BdB.* 13, 26. *PdC.* 2, 32. *BZo.* 12, 18. 15, 9. *GRiq.* 5, 15.

227.] om = Adv. ubi + me acc. *BdB.* 10, 6. = Conj. aut + me acc. *Chr.* 47, 19. *ADa.* 11, 48. = Conj. aut + me dat. *Chr.* 128, 27. *GRiq.* 7, 2, 32. 82, 106.

228.] dom = Subst. + me dat. *Chr.* 148, 31. — prom = Subst. + me dat. *GRiq.* 3, 17. 35, 49. — bom = Adj. + me dat. *JRu.* 2, 33. *BdB.* 5, 33. — trom = Conj. + me dat. *MdM.* 4, 24. *GRiq.* 23, 11. — vom = Pron. pers. nom. + me dat. *GRiq.* 91, 21. — fom = 3. sg. perf. + me dat. *GdP.* 5, 28.

229.] tum = Pron. pers. + me acc. *Chr.* 3, 24. *PRo.* 6, 39. *ADa.* 11, 47.

230.] iem = Pron. pers. + me acc. *GRiq.* 75, 19. 79, 820. 91, 30. = Pron. pers. + me dat. *PRo.* 8, 50. *GRiq.* 6, 20. 69, 21. 73, 39. 74, 239. 88, 29.

231.] eum = Pron. pers. + me acc. *Chr.* 19, 26. 103, 31. 106, 26. *GdC.* 2, 10.

232.] ieum = Pron. pers. + me acc. *JRu.* 4, 55 von Suchier, Jahrb. XIII, in «icm» gebessert; *ADa.* 7, 41; die grössere Zahl der Hss. erweist die Schreibung «iem» als ächt; *FdL.* 1, 8.

233.] maim = Adv. magis + me dat. *Chr.* 160, 20; die Lesart der einzigen Hs. bessere man in: Quem costets mais quo dui archier. — faim = 3. sg. präs. i. + me acc. *ADa.* 7, 3; es sind, vielleicht auch der Wortstellung wegen, die Hss. DEC vorzuziehen: Em fai irat, let, savi, fol.

234.] cuim = Pron. rel. f. o. sg. + me acc. *ADa.* 9, 53; sämtliche Hss., mit Ausnahme von a, bieten eine abweichende Form, die aber auf «quem» hinweist. Dies ist mit Bartsch *Chr.* 137, 13 einzusetzen.

B. Anlehnung an mehrsilbige Wörter.

1. An Oxytona.

235.] ganrem = Adv. + me acc. *Chr.* 48, 27. — ancsem = Adv. + me acc. *Chr.* 103, 26. — mercem = Subst. + me acc. *PVi.* 11, 9.

236.] matim = Subst. + me acc. *MdM.* IVa, 12.

237.] aissim = Adv. + me acc. *Chr.* 59, 16. 61, 23. 65, 15. 66, 19. 86, 34. 88, 23. 140, 21. *GdC.* 5, 39, 54. *PRo.* 6, 18. *PVi.* 1, 67. 2, 32. 3, 47. 16, 31. 19, 56. 32, 11. *BdB.* 21, 80. *PdC.* 14, 39. 22, 54. *GRiq.* 8, 15. 14, 35. 21, 21. 25, 18. 60, 66.

238.] aissim = Adv. + me dat. *Chr.* 142, 19. 143, 13. *GdC.* 1, 5. *PVi.* 29, 23. *GRiq.* 6, 16. 7, 17. 81, 255.

239.] consim = Adv. + me? *Chr.* 128, 28. = Adv. + me dat. *Chr.* 246, 15.

240.] enaissim = Adv. + me acc. *JRu.* 5, 48. *PVi.* 14, 5. *PdC.* 11, 24. 20, 12. = Adv. + me dat. *PVi.* 43, 23. *PdC.* 6, 17. 20, 22.

241.] **atressim** = Adv. + me acc. *Chr.* 70, 6. *MdM.* 5, 6. = Adv. + me dat. *Chr.* 164, 20. *PRo.* 5, 40. *PVi.* 40, 27. *MdM.* 1, 6. *GRiq.* 8, 6.

242.] **aucim** = 3. sg. präs. i. + me acc. *GRiq.* 66, 9, 36.

243.] **auram** = 3. sg. fut. + me acc. *PVi.* 4, 11. — **tenram** = 3. sg. fut. + me acc. *PVi.* 37, 31. — **daram** = 3. sg. fut. + me dat. *GRiq.* 87, 21. — **volram** = 3. sg. fut. + me dat. *GRiq.* 99, 52.

244.] **aitam** = Adv. + me acc. *GRiq.* 47, 6.

245.] **aissom** = Pron. dem. + me acc. *Chr.* 3, 29. 21, 30. 148, 8. *PVi.* 36, 17. *BdB.* 20, 37. *ADa.* 9, 61. 14, 6. *BZo.* 6, 24. *GRiq.* 13, 23, 34. 35, 45. *FdL.* 2, 25. = Pron. dem. + me dat. *Chr.* 64, 6. *GRiq.* 75, 504.

246.] **barom** = Subst. + me dat. *Chr.* 208, 21.

2. An Paroxytona.

247.] **mandem** = 3. sg. präs. c. + me dat. *GRiq.* 70, 137.

248.] **fairem** = Infin. + me dat. *Chr.* 277, 7. — **querrem** = Inf. + me dat. *MdM.* 6, 37. — **direm** = Inf. + me dat. *BZo.* 9, 19. — **entendrem** = Inf. + me acc. *GRiq.* 12, 24. — **penrem** = Inf. + me acc. *GRiq.* 14, 37. — **creirem** = Inf. + me acc. *GRiq.* 33, 18.

249.] **frairem** = Subst. + me dat. *JRu.* 4, 45. — **uzatgem** = Subst. + me acc. *PVi.* 27, 49. — **vostrem** = Pron. poss. + me acc. *GRiq.* 15, 42.

250.] **apellim** = 1. sg. präs. i. +me acc. *Chr.* 171, 6. — **partim** = 1. sg. präs. i. + me acc. *Chr.* 172, 12. — **sentim** 1. sg. präs. i. + me dat. *ADa.* 11, 18. — **tornim** = 1. sg. präs. i. + me acc. *GRiq.* 81, 436.

251.] **servizim** = Subst. + me acc. *GFig.* 7, 3.

252.] **enviam** = 3. sg. präs. i. + me dat. *Chr.* 78, 30. — **agradam** = 3. sg. präs. i. + me dat. *Chr.* 153, 1. — **remembram** = 3. sg. präs. i. + me dat. *JRu.* 5, 4. — **membram**

= 3. sg. präs. i. + me dat. *PRo.* 5, 36. — **tornam** = 3. sg. präs. i. + me dat. *PRo.* 7, 28. — **amezuram** = 3. sg. präs. i. + me acc. *PVi.* 6, 42. — **cujam** = 3. sg. präs. i. + me acc. *PVi.* 37, 23. — **pesam** = 3. sg. präs. i. + me dat. *Chr.* 142, 32. *GdP.* 7, 41. *BdB.* 35, 15. *ADa.* 13, 38, 42. — **amam** = 3. sg. präs. i. + me acc. *MdM.* 5, 10. — **ennejam** = 3. sg. präs. i. + me? *MdM.* 16, 2, 3, 13, 17, 24. 17, 12. 18, 5, 7, 23, 25, 31, 33; i. G. 23 B. — **mandam** = 3. sg. präs. i. + me dat. *GRiq.* 7, 28. — **doblam** = 3. sg. präs. i. + me dat. *GRiq.* 63, 17. — **semblam** = 3. sg. präs. i. + me dat. *GRiq.* 69, 62. — **forsam** = 3. sg. präs. i. + me acc. *GRiq.* 57, 55.

253.] **portam** = 2. sg. imperat. + me dat. *PRo.* 3, 62. — **saludam** = 2. sg. imperat. + me dat. *Chr.* 245, 20. *GFig.* 5, 43. — **garam** = 2. sg. imperat. + me acc. *Chr.* 22, 22. = 3. sg. präs. i. + me acc. *PVi.* 4, 71.

254.] **valham** = 3. sg. präs. c. + me dat. *Chr.* 280, 19. *GdC.* 7, 49. *PVi.* 23, 54. *PdC.* 12, 25. 15, 26. 16, 30. *ADa.* 6, 14. — **falham** = 3. sg. präs. c. + me dat. *BdB.* 15, 17, 33. — **fassam** = 3. sg. präs. c. + me acc. *PdC.* 16, 14. = 3. sg. präs. c. + me dat. *Chr.* 97, 15. *BZo.* 1, 64. *GRiq.* 50, 23. — **tragam** = 3. sg. präs. c. + me dat. *ADa.* 11, 42. — **tenham** = 3. sg. präs. c. + me acc. *GRiq.* 14, 35. — **entendam** = 1. sg. präs. c. + me acc. *GRiq.* 83, 167.

255.] **fariam** = 3. sg. cond. + me acc. *Chr.* 47, 24. — **seriam** = 3. sg. cond. + me dat. *Chr.* 277, 2. — **poiriam** = 3. sg. cond. + me acc. *GRiq.* 64, 44. — **guideram** = 3. sg. cond. + me acc. *Chr.* 277 1. — **volgram** = 1. sg. cond. + me acc. *GdC.* 5, 90. — **plagram** = 3. sg. cond. + me dat. *PRo.* 4, 1. *PVi.* 14, 57. *GRiq* 34, 30. — **feiram** = 3. sg. cond. + me acc. *PVi.* 42, 40. — **valgram** = 3. sg. cond. + me dat. *PVi.* 43, 8. — **agram** = 3. sg. cond. + me acc. *BdB.* 9, 29. = 3. sg. cond. + me dat. *GRiq.* 73, 68. — **foram** = 3. sg. cond. + me dat. *PdC.* 24, 3. *GRiq.* 32, 36. —

saubram = 3. sg. cond. + me dat. *GRiq.* 25, 26. — vengram = 1. sg. cond. + me dat. *GRiq.* 73, 72.

256.] **aram** (eram) = Adv. + me acc. *Chr.* 103, 38. 139, 22. *GdP.* 7, 13, 14. *GdC.* 4, 14. *PRo.* 7, 14. *PVi.* 1, 26. 24, 14. 26, 5. *PdC.* 3, 2. 17, 5. *BZo.* 6, 41.

257.] aram = Adv. + me dat. *Chr.* 323, 27. *BdB.* 6, 41. *MdM.* 15, 33. *ADa.* 14, 5. *GRiq.* 50, 4. *BZo.* 12, 17. *PdM.* 5, 30. 8, 57.

258.] **ancaram** (enqueram) = Adv. + me acc. *ADa.* 7, 49. *FdL* 5, 37. — **nocam** = Adv. + me dat. *PVi.* 10, 10.

259.] **blojam** = Adj. + me dat. *Chr.* 62, 22. — **autram** = Adj. + me acc. *Chr.* 144, 4. = Adj. + me dat. *ADa.* 15, 29. — **cortezam** = Adj. + me acc. *Chr.* 184, 13. — bela*m* = Adj. + me dat. *Chr.* 174, 34. *PVi.* 27, 7. — bonam = Adj. + me dat. *JRu.* 1, 10. — **totam** = Adj. + me dat. *GRiq.* 69, 93. — **unam** = Num. + me acc. *GdP.* 5, 25.

260.] **elam** = Pron. pers. + me acc. *Chr.* 104, 27. 277. 24. *PRo.* 1, 34. *PVi.* 1, 58. = Pron. pers. + me dat. *Chr.* 277, 25. *GdP.* 1, 50. 8, 47. *PRo.* 1, 31. *PVi.* 39, 20. 42, 22, 32. *ADa.* 11, 22. *GRiq.* 60, 16. 62, 20. *PdM.* 8, 11, 25.

261.] **celam** = Pron. dem. + me dat. *PVi.* 28, 6. 37, 5. — **cascunam** = Pron. ind. + me acc. *PVi.* 45, 41. = Pron. ind. + me dat. *GRiq.* 62, 10. — **domnam** (dompnam) = Subst. + me acc. *GdC.* 3, 42. 5, 3. *PVi.* 5, 18. 9, 25. 32, 9, 28. *BdB.* 4, 49. 15, 31. *PdC.* 6, 5. = Subst. + me dat. *Chr.* 107, 2. 243, 29. *PVi.* 24, 43. *PdC.* 7, 1. — **corteziam** = Subst. + me dat. *Chr.* 88, 30. *BZo.* 14, 63. — **trebalham** = Subst. + me acc. *Chr.* 147, 26. — **lenguam** = Subst. + me acc. *Chr.* 151, 28. — **cartam** = Subst. + me acc. *GdP.* 6, 8. — **guizam** = Subst. + me acc. *GdP.* 7, 7. — envejam = Subst. + me dat. *GdC.* 4, 42. — **guerram** = Subst. + me dat. *PRo.* 5, 25. *BdB.* 22, 9. — **iram** = Subst. + me dat. *PRo.* 7, 2, 4. *BZo.* 4, 12. — **vistam** = Subst. + me dat. *PVi.* 9, 55. *GRiq.* 59, 41. — **aventuram** = Subst. + me acc. *PVi.* 16, 43. — **comtessam** = Subst. + me acc. *PVi.* 29, 53. — **meravelham** = Subst. + me dat. *BdB.* 22, 36. — **amiam** = Subst. + me dat. *BdB.* 27, 8. — **reinam** = Subst. + me acc. *BdB.* 32, 47. — **conoissensam** = Subst. + me dat. *ADa.* 8, 11. — **armam** = Subst. + me dat. *BZo.* 5, 82. — **companham** = Subst. + me dat. *GRiq.* 69, 92. — **vidam** = Subst. + me acc. *GRiq.* 73, 81. — **vergonham** Subst. + me acc. *GRiq.* 4, 27. — **aissam** = Subst. + me acc. *PdM.* 4, 27; die Anlehnung an das Subst. ist nur conjiciort, da sie in beiden Hss. mit dem Prädicatsverb statthat. — **Raimbaudam** = nom. propr. + me dat. *PVi.* 9, 38. — **Enpanham** = nom. propr. + me acc. *PVi.* 22, 33. — **Saissam** = nom. propr. + me dat. *BdB.* 9, 36. — **Tolezam** = nom. propr. + mo dat. *GFig.* 1, 57. — **Narbonam** = nom. propr. + mo dat. *GRiq.* 14, 52.

262.] **demandom** = 3. pl. präs. i. + me dat. *Chr.* 209, 1. — **parom** = 3. pl. präs. i. + mo dat. *PVi.* 14, 9.

II. Nichtanlehnung.
A. Nichtanlehnung nach einsilbigen Wörtern.

263.] **e mi** = et u. mi dat. *BdB.* 24, 3; die einzige Hs. M verdient wenig Glauben; der Fall ist durch Einschub von anzulehnendem «vos» zu bessern: Pos acoindat m'a hom de vos Eus mi venes querre chansos.

264.] **que mi** = Conj. «dass» u. mi acc. *Chr.* 148, 37; unter den 3 Hss. ist B vorzuziehen, welche «m'en» liest: Mas d'aisso no cug ni cre S'ou l'enquer que m'en malme.

265.] **que mi** = Conj. «dass» u. mi dat. *Chr.* 152, 22; die Variante von R, «quant», wird einzusetzen sein; nur fragt es sich, ob nach diesem der Ind. oder der Conj. das Gewöhnliche, also «me fos» oder «m'era» zu lesen ist. Diez Gr.[4] III, 358 giebt darüber, für das Prov., keine Auskunft. — *Chr.* 206, 16; soweit ich diese Stelle verstanden habe, wäre die Änderung in *qu'eu me* eine Besserung. — *GdC.* 1, 23; es ist *«queus mi»* herzustellen. — *GRiq.* 69, 83; gesichert ist die Lesart durch eine Hs. gewiss nicht; ich schlage vor, *«que m'en»* zu lesen.

266.] que mi = Pron. rel. m. n. sg. u. me acc. *Chr.* 272, 17; um diese Ausnahme zu beseitigen, würde dem Vers für *«sel»* die vollere Form einzufügen sein: No°fai valor aissel quem vol sobrar.

267.] .que mi = rel. neutr. o. sg. u. me acc. *Chr.* 361, 40; wie bei 206, 16 würde auch hier *«eu mi»* sich einführen lassen: Per qu'eu mi soy plus leu levatz.

268.] que mi = rel. neutr. o. sg. u. me dat. *MdM.* 1, 77; die einzige Hs. S, welche die letzten Verse des Gedichtes aufweist, bietet keine Gewähr für die Richtigkeit der vorliegenden Ausnahme; man lese: Per qu'a mi tol lo sen.

269.] be mi = Adv. u. me acc. *GRiq.* 82, 171; das Prädicatsverbum des Satzes verlangt noch eine Ergänzung; ausserdem würde bei vorliegender Nichtcontraction das Pron., ohne eigene Betonung zu haben, im Hiat stehen; der Vers ist darum zu schreiben: Fazen be m'i aporte.

270.] si me = Conj. u. me acc. *Chr.* 205, 22; die erlaubte Einführung des Subjektes hebt die Nichtcontraction auf: S'ieu me volgues esbatre.

271.] ni me = Conj. u. me acc. *GdC.* 6, 31 ist zu bessern in: Partis no me'n e ja nim partiria.

272.] va mi = 3. sg. präs. i. und mi dat. *Chr.* 361, 25.

273.] no me = Adv. u. me acc. *MdM.* 20, 9. *PVi.* 26, 8. 22, 1; hier schreiben die 5 Hss. sämtlich *«nom»*; ob sie gleicherweise ein Wort durch Nachlässigkeit ausgelassen, steht dahin; ebenso wahrscheinlich aber möchte es sein, dass sie *«non me»* mit Tilgung des *«n»* in *«nom»* contrahiert haben.

274.] no me = Adv. u. me dat. *PVi.* 28, 19; durch Einschub von *«en»* nach CLM ist dieser Beleg zu beseitigen. — *BdB.* 15, 14; auch hier ist *«m'en»* der Hs. R vorzuziehen. — *GdP.* 5, 45 darf in *«non mi»* emendiert werden; ebenso *PdC.*

2, 4. — *GRiq.* 62, 53; die Schreibung der Hs. ist zu interpungieren: Senher, ans suy membrada Quel cor no m'i porta, wie es auch Diez, L. u. W. zu fassen scheint. — *GRiq.* 84, 14, 463; beide Mal ist »non mi« zu schreiben.

275.] **so mi** = Pron. dem. u. mo acc. *Chr.* 325, 41 ist durch Cäsur getrennt: Amors per so mi soy ieu recresutz.

276.] **so mi** = Pron. dem. u. me dat. *Chr.* 275, 5 ist gleichfalls durch Cäsur getrennt: Mas ab tot so mi pesa fort qu'il es.

277.] **pro mi** = Subst. u. mi acc. *GFig.* 5, 28. — **quo mi** = Adv. u. mi dat. *GRiq.* 6, 9.

278.] **eu mi** = Pron. pers. u. mi acc. *PVi.* 13, 43. = Pron. pers. u. mi dat. *GdC.* 4, 11.

279.] **ieu mi** = Pron. pers. u. mi acc. *GRiq.* 1, 25. 13, 31. 15, 27. 70, 123. 77, 10. 81, 399. 87, 19. *PdM.* 6, 44. *BZo.* 18, 12.

280.] **ieu mi** = Pron. pers. u. mi dat. *Chr.* 327, 38. *BZo.* 4, 82. *GRiq* 17, 25. 78, 71. *PdM.* 8, 83.

281.] **sieu mi** = Pron. poss. u. mi acc. *JRu.* 1, 34. — **dieu mi** = Subst. u. mi acc. *GFig.* 1, 51. *GRiq.* 75, 560. — **greu me** = Adv. u. me dat. *GRiq.* 45, 65.

282.] **lui me** = Pron. pers. u. me acc. *Chr.* 18, 20. = Pron. pers. u. me dat. *Chr.* 292, 5.

283.] **cui mi** = Pron. rel. o. sg. u. me acc. *Chr.* 139, 14. 245, 36. *PdC.* 25, 36. *GRiq.* 90, 24. *PdM.* 1, 26. 4, 4. = rel. o. sg. u. me dat. *PdM.* 2, 53.

284.] **fai me** = 2. sg. imperat. u. me dat. *Chr.* 22, 26. — **play me** = 3. sg. präs. i. u. me dat. *PVi.* 27, 35. *GRiq.* 16, 37. 72, 249. 90, 25. — **gai mi** = Adj u. mi acc. *BdB.* 22, 45. — **sai mi** = Adv. u. mi dat. *Chr.* 51, 33. — **lai mi** = Adv. u. mi dat. *JRu.* 4, 28.

285.] **vei, mi** = 1. sg. präs. i. vezer u. mi acc. *PdC.* 11, 21 mit zwischentretender Cäsur: Tant quan la vei ni tel vezera jausen. — **dei mi** = 1. sg. präs. i. u. mi acc. *PdM.* 1, 46. — **rei mi** = Subst. u. mi acc. *BdB.* 35, 9. 15, 34 mit zwischentretender Cäsur: En cort de rei mi batan li portier.

286.] **joi mi** = Subst. u. mi acc. *PdC.* 2, 8 mit zwischentretender Cäsur: E s'ieu n'ai joy mi te janzen amors. = Subst. u. mi dat. *JRu.* 4, 4. 6, 13. *GdC.* 5, 65. *PVi.* 42, 14.

B. Nichtanlehnung nach mehrsilbigen Wörtern.

1. Nach Oxytonis.

287.] **merce mi** = Subst. u. mi acc. *GdC.* 1, 37, durch die Cäsur geschieden: Que per merce mi volhaz tan onrar. — **aissi mi** = Adv. u. mi acc. *BZo.* 3, 65.

288.] **metrai me** = 1. sg. fut. u. me acc. *PVi.* 10, 32. — **ambedui me** = Num. u. me dat. *GdP.* 2, 27. — **calfei me** = 1. sg. perf. u. me acc. *GdP.* 5, 29. — **disney me** = 1. sg. perf. u. me acc. *GdP.* 5, 33.

2. Nach Paroxytonis.

289.] **colgui me** = 1. sg. präs. i. und me acc. *Chr.* 96, 46.

290.] **laissa me** = 2. sg. imperat. u. me acc. *PRo.* 4, 27. — **peza me** = 3. sg. präs. i. und me dat. *PVi.* 45, 25. — **bella mi** = Adj. u. mi dat. *MdM.* 1, 33 durch die Cäsur getrennt: La plus bella mi sembla laida res. — **doussa mi** = Adj. u. mi acc. *PdM.* 2, 56. — **ara mi** = Adv. u. mi acc. *PVi.* 1, 99. *BdB.* 21, 69.

291.] **occaizo mi** = Subst. u. mi dat. *PVi.* 28, 22.

§ 7.
Nos, pron. pers. 1. pl. nom. u. obl.

292.] **ens** = et + nos obl. *Chr.* 128, 20. 290, 7. 373, 31. *BdB.* 29, 7. *PdC.* 13, 12. *GRiq.* 36, 35. 38, 28, 50. 45, 55, 56. 84, 868, 898, 904, 906.

que*ns* = a) Conj. que + nos.

293.] que**ns** = Conj. «dass» (fin., consec., etc.) + nos nom. *GRiq.* 53, 35. = Conj. «dass» + nos obl. *Chr.* 146, 34. 214, 6. *PRo.* 7, 45. *GRiq.* 24, 53. 26, 59. 36, 34. 38, 26.

43, 35. 44, 46, 47. 45, 60. 46, 16. 47, 58. 71, 489, 494, 507. 84, 877, 900. 93, 69.

quens = b) Pron. rel. que + nos.

294.] quens = rel. m. n. sg. + nos obl. *Chr.* 362, 30. 373, 29. 374, 35. *BdB.* 38, 7. *GRiq.* 38, 12, 49. 46, 30. 53, 36. 68, 20. = rel. m. o. sg. + nos obl. *Chr.* 128, 4. *PVi* 25, 9. *ADa.* 2, 40. *GRiq.* 38, 46. 42, 35. 67, 33.

295.] quens = rel. f. n. sg. + nos obl. *Chr.* 213, 31. 374, 31. *GRiq.* 45, 56. 71, 491.

296.] quens = rel. neutr. o. sg. + nos obl. *GRiq.* 38, 21 71. 194. 80, 111.

quens = c) Pron. interr. que + nos.

297.] quens = interr. neutr. o. sg. + nos obl. *Chr.* 161, 13.

298.] **bens** = Adv. + nos obl. *Chr.* 290, 5. *GRiq.* 38, 29.

299.] **sins** = Conj. + nos nom. *GRiq.* 24, 45. 43, 44. = Conj. + nos obl. *Chr.* 213, 29. *GRiq.* 24, 19. 88, 27. *FdL. Rom.* 324, 325, 380. — **quins** = Pron. rel. m. n. sg. + nos obl. *PRo.* 9, 23. *GRiq.* 38, 42.

300.] **lans** = Adv. + nos obl. *GRiq.* 88, 22.

301.] **nons** = Adv. + nos nom. *BdB.* 40, 39. *GRiq.* 42, 33. 44, 42. 67, 42. 71, 193, 197, 269, 496. = Adv. + nos obl. *Chr.* 323, 28. *BdB.* 6, 28 (nur conjic.). 15, 27. 40, 38. *ADa.* 2, 34. *GRiq.* 26, 27. 38, 24. 45, 36. 49, 20. 51, 27, 31. 88, 5, 24, 26. *FdL. Rom.* 346, 347, 355, 440.

302.] **ons** = Adv. ubi + nos obl. *ADa.* 2, 41. — **lons** = Pron. pers. + nos obl. *FdL. Rom.* 287. — **trens** = Conj. + nos obl. *GRiq.* 43, 44.

303.] **tuns** = Pron. pers. + nos obl. *Chr.* 214, 5.

B. Anlehnung an mehrsilbige Wörter.
1. An Oxytona.

304.] **farans** = 3. sg. fut. + nos obl. *GRiq.* 88, 15; die Contraction muss, der Silbenzahl des Verses wegen, hergestellt werden.

2. An Paroxytona.

305.] **jutiens** = 3. sg. präs. c. + nos obl. *GRiq.* 96, 52.

306.] **vidans** = Subst. + nos obl. *Chr.* 289, 28. — **aiguans** = Subst. + nos obl. *Chr.* 289, 21. — **penans** = Subst. + nos obl. *GRiq.* 24, 44. — **autrans** = Adj. + nos obl. *FdL.* 5, 50. — **arans** = Adv. + nos nom. *FdL. Rom.* 172.

II. Nichtanlehnung.
A. Nichtanlehnung nach einsilbigen Wörtern.

307.] **e nos** = et u. nos nom. *BdB.* 23, 17. *GRiq.* 84, 1, 24 (Anhang). = et u. nos obl. *Chr.* 24, 16, 17. *PdC.* 26, 71. *GRiq.* 84, 901 lässt sich in »*et nos*« emendieren.

que nos = a) Conj. u. nos.

308.] que nos = Conj. »dass« u. nos nom. *PdC.* 13, 32. *GRiq.* 71, 495.

309.] que nos = Conj. »dass« u. nos obl. *Chr.* 371, 37. 374, 28. *MdM.* 15, 58; alle 3 Beispiele sind nur in je einer Hs. überliefert. Es lässt sich bessern *Chr.* 371, 37 in »*qu'ar*«, 374, 28 in »*qu'om nos*« u. *MdM.* in »*qu'el nos*«.

que nos = b) Pron. rel. que u. nos.

310.] que nos = rel. m. n. sg. u. nos obl. *BdB.* 26, 42.

311.] que nos = rel. f. n. sg. u. nos obl. *GRiq.* 71, 511. = rel. f. o. sg. u. nos obl. *Chr.* 146, 40.

312.] que nos = rel. m. o. pl. u. nos obl. *GRiq.* 43, 43. 45, 42.

313.] **sai nos** = Adv. u. nos obl. *PdC.* 26, 13. — **lai nos** = Adv. u. nos obl. *GRiq.* 37, 64. 43, 28. — **fai nos** = 2. sg. imperat. u. nos obl. *GRiq.* 44, 43. 51, 49. — **rey nos** = Subst. u. nos obl. *GRiq.* 88, 9. — **deu nos** = 3. sg. präs. i. und nos obl. *Chr.* 292, 31. — **pau nos** = Adv. u. nos obl. *FdL. Rom.* 44.

B. Nichtanlehnung nach mehrsilbigen Wörtern.

1. Nach Oxytonis.

314.] **merce nos** = Subst. u. nos obl. *PdC.* 1, 3 durch die Cäsur getrennt: Qu'e sa merce nos a mostrat tal via.

315.] **amdui nos** (abdui) = Num. u. nos obl. *Chr.* 96, 31. *GdP.* 6, 28. *ADa.* 12, 29.

2. Nach Paroxytonis.

316.] **metge nos** = Subst. u. nos obl. *Chr.* 162, 37 durch die Cäsur getrennt: Qu'un bon metge nos a deus sai trames.

317.] **mostra nos** = 2. sg. imperat. u. nos obl. *Chr* 213, 28. — **acapta nos** = 2. sg. imperat. u. nos obl. *GRiq.* 53, 46.

318.] **deja nos** = 3. sg. präs. c. und nos obl. *Chr.* 280, 44. — **vailla nos** = 3. sg. präs. c. und nos obl. *PdC.* 13, 30.

319.] **ara nos** = Adv. u. nos obl. *Chr.* 145, 7. *GdP.* 9, 22. — **vida nos** = Subst. u. nos obl. *GRiq.* 11, 89. — **Guiscarda nos** = nom. propr. u. nos obl. *BdB.* 1, 14 durch die Cäsur getrennt: Pois na Guiscarda nos os on sai tramesa.

§ 8.

Te, pron. pers. 2. sg. acc. u. dat.

I. Anlehnung.

A. Anlehnung an einsilbige Wörter.

quet = a) Conj. que + te.

320.] **quet** = Conj. «dass» + te acc. *ADa.* 9, 41. 16, 18. = Conj. «dass» + te dat. *Chr.* 85, 7.

quet = b) Pron. relat. que + te.

321.] **quet** = rel. m. n. sg. + te dat. *Chr.* 84, 29.

322.]   quet = rel. neutr. o. sg. + te acc. *GRiq.* 37, 47.
= rel. neutr. n. sg. + te dat. *GRiq.* 37, 42.
323.]   sit = Conj. + te acc. *Chr.* 144, 31. *ADa.* 7, 68. 14, 47. *BZo.* 6, 81.   = Conj. + te dat. *PRo.* 4, 39. *GRiq.* 51, 50. — nit = Conj. + te acc. *ADa.* 16, 16, 35.   = Conj. + te dat. *ADa.* 16, 24. — quit = Pron. rel. f. n. sg. + te acc. *ADa.* 16, 16.
324.]   lat = Adv. + te acc. *ADa.* 9, 96.
325.]   not = Adv. + te acc. *Chr.* 77, 14. 307, 4. 318, 36. 343, 10. 344, 32. *PRo.* 6, 47. *PVi.* 29, 81. *ADa.* 14, 48. 16, 23, 35. *GRiq.* 68, 29.   = Adv. + te dat. *GRiq.* 27, 68. 72, 60.   = Adv. + te ?   *Chr.* 3, 28.

B. Anlehnung an mehrsilbige Wörter.

1. An Oxytona.

326.]   aissit = Adv. + te acc. *PRo.* 6, 56.

2. An Paroxytona.

327.]   preguit = 1. sg. präs. i. + te ? *Chr.* 362, 29.
328.]   guarat = 2. sg. imperat. + te acc. *Chr.* 364, 25. — calat = 2. sg. imperat. + te acc. *Chr.* 343, 15. — diguat = 3. sg. präs. c. + te dat. *Chr.* 77, 10.
329.]   bailliat = Subst. + te dat. *MdM.* II, 21. — malat = Adj. + te acc. *Chr.* 320, 3. — erat = Adv. + te acc. *ADa.* 9, 86.

II. Nichtanlehnung.

Nach einsilbigen Wörtern.

330.]   que te = Pron. rel. m. n. sg. u. te acc. *Chr.* 344, 27; der Artikel in «*l'amic*» besitzt keine demonstrative Kraft und, des Sinnes wegen, ist darum die Lesart vorzuziehen: Cel amic quet castia t'ama.

331.] **le te** = Pron. pers. u. te dat. *Chr.* 343, 27; es ist zulässig, ein »un« einzuschieben: Bon cossel si un fol let dona. — se ti = Conj. u. ti acc. *Chr.* 22, 1; die Lesart von P. Meyer gibt das Mittel zur Besserung an: Set pietat no ne prent.

332.] **ieu ti** = Pron. pers. u. ti ? *Chr.* 272, 20.

§ 9.
Vos, pron. pers. 2. pl. nom. u. obl.

I. Anlehnung.
A. Anlehnung an einsilbige Wörter.

333.] **eus** = et + vos nom. *GRiq.* 77, 155. *BdB.* 4, 28; man sollte absolute Stellung des »vos« erwarten; vgl. Anmerk. p. 237.

334.] **eus** = et + vos obl. *Chr.* 95, 37. 121, 26. 159, 29, 30. 160, 27. 165, 11. 170, 10. 197, 8. 198, 1, 27. 322, 16. 331, 10, 17. *GdP.* 4, 27, 28, 29, 30. *GdC.* 6, 24. *PVi.* 13, 60. 44, 90. *BdB.* 2, 36. 44, 52. *PdC.* 7, 19. 8, 16. 8, 31. *MdM.* II, 12. 2, 44. *BZo.* 10, 34. 14, 62. *GRiq.* 74, 220. 76, 130. 77, 153. 383, 385. 79, 699, 841, 846, 848.

335.] **eus** = ou + vos obl. *Chr.* 160, 17. *PdC.* 25, 9; in beiden Fällen lässt sich aber mit ebenso grossem Recht »queus« statt »qu'eus« lesen.

queus = a) Conj. que + vos.

336.] **quous** = quar + vos nom. *GRiq.* 60, 44. = quar + vos obl. *GdC.* 5, 17. *GRiq.* 32, 51. 57, 81. 60, 20. 76, 37. 79, 692. 90, 27.

337.] **quous** = Conj. »dass« (fin., consec., etc.) + vos nom. *BZo.* 10, 95, 133. *GRiq.* 61, 22. 76, 180. = Conj. »dass« + vos obl. *Chr.* 103, 1. 154, 19. 160, 14. 276, 18. 329, 37. 330, 42. *GdC.* 1, 1, 2. 5, 51, 53, 73. *PVi.* 34, 17. 36, 28. *BdB.* 17, 14. 38, 33. *MdM.* 1, 41, 42. 15, 46. *ADa.* 1, 35. *BZo.* 10, 132. *GRiq.* 57, 37. 59, 60, 67. 69, 21, 66, 88. 76, 61, 217, 223. 79, 725. 90, 7. 97, 10. *FdL.* 1, 42. *Rom.* 269.

queus = b) Pron. rel. que + vos.

338.] queus = rel. m. n. sg. + vos obl. *Chr.* 52, 3, 24. 77, 31. 197, 16, 25. 276, 6. 329, 28. 332, 8. 359, 42. *BdB.* 6, 44. 15, 36. *PdC.* 18, 41. *ADa.* 1, 36. 17, 47. *GRiq.* 11, 72. 17, 68. 51, 39. 76, 131. 89, 41. 94, 59. = rel. m. o. sg. + vos obl. *Chr.* 213, 6.

339.] queus = rel. f. n. sg. + vos obl. *ADa.* 15, 42. *BZo.* 3, 101. = rel. f. o. sg. + vos obl. *Chr.* 71, 18. 148, 27. *PVi.* 21, 20. *GRiq.* 74, 185. 75, 201. 90, 32. *FdL. Rom.* 384.

340.] queus = rel. neutr. n. sg. + vos obl. *Chr.* 78, 6. 121, 24. 156, 10. *PVi.* 10, 33. *PdC.* 8, 32. *GRiq.* 61, 65. = rel. neutr. o. sg. + vos obl. *Chr.* 61, 5. 154, 13. 374, 39. *PVi.* 18, 5. *BdB.* 15, 2. *PdC.* 22, 75. *GFig.* 5, 25. *GRiq.* 10, 41. 11, 73. 24, 28. 58, 28. 74, 30. 76, 146, 175. 77, 148, 152, 156, 257, 271. 79, 698, 833. *PdM.* 8, 17. = rel. neutr. o. sg. + vos nom. *BZo.* 10, 15, 124. *GRiq.* 77, 258.

341.] queus = rel. m. n. pl. + vos obl. *Chr.* 332, 6. *BdB.* 26, 58. *GRiq.* 5, 2. 24, 29. 77, 340. 91, 36, 45. = rel. m. o. pl. + vos obl. *GRiq.* 84, 496.

342.] queus = rel. f. n. pl. + vos obl. *GRiq.* 87, 23. = rel. f. o. pl. + vos obl. *GRiq.* 71, 387. 76, 9, 91.

queus = c) Pron. interr. que + vos.

343.] queus = interr. neutr. n. sg. + vos obl. *GFig.* 10, 1. *GRiq.* 57, 73. *PdM.* 8, 26. = interr. neutr. o. sg. + vos obl. *GdP.* 6, 15. *GRiq.* 57, 69. 58, 26. 69, 65. = interr. neutr. o. sg. + vos nom. *BZo.* 10, 36.

344.] beus = Adv. + vos nom. *GRiq.* 76, 132. 79, 731. 87, 52. = Adv. + vos obl. *Chr.* 78, 15. 153, 9. 198, 4, 10. 200, 4. 245, 26. *PVi.* 5, 25. 19, 7. 26, 21. 45, 17. *BdB.* 6, 37. 42, 12. *GRiq.* 11, 26. 58, 29, 57. 59, 52. 60, 67. 69, 51. 77, 248. 87, 2, 39. 92, 33. 94, 69. *PdM.* 8, 71.

345.] veus = 2. sg. imperat. vezer + Adv. + vos obl. vgl. Diez, EWtb. unter ecco; *Chr.* 59, 7. 374, 34. *PVi.* 12, 27 40, 31. *BdB.* 11, 7. 38, 14. *MdM.* 2, 22. 3, 18. 5, 30.

ADa. 7, 33. *GRiq.* 6, 44. 62, 58. 73, 74. 74, 96. 75, 332. 84, 209, 505. *FdL. Rom.* 206.

346.] **meus** = Pron. pers. abs. + vos obl. *ADa.* 6, 26. — **reus** = Subst. + vos obl. *BZo.* 3, 125.

347.] **mius** = Pron. pers. abs. + vos obl. *Chr.* 60, 6.

348.] **sius** = Conj. + vos nom. *PRo.* 5, 41. 9, 25. *MdM.* IVb, 30. 15, 15. *BZo.* (seus) 18, 57. *GRiq.* 74, 222. 79, 710. 91, 29. 94, 71.

349.] **sius** = Conj. + vos obl. *Chr.* 92, 39. 98, 41. 102, 25. 128, 30. 153, 25. 160, 15, 22. 330, 17. 332, 25. 362, 8. 363, 30. *GdC.* 1, 23. *PRo.* 8, 52. *PVi.* 35, 10. 36, 19. 38, 36, 39. 39, 2. 40, 41. 44, 65. *PdC.* 7, 22. 8, 40. *GFig.* 4, 44. *BZo.* 3, 107. *GRiq.* 5, 46. 18, 35. 21, 7. 24, 52. 29, 56. 32, 52. 57, 23. 58, 28. 61, 53. 69, 19. 73, 76. 74, 120. 77, 156. 79, 657. 84, 753. 85, 1. 91, 46. 93, 50.

350.] **nius** = Conj. + vos obl. *Chr.* 71, 18. 148, 17. 162, 14. *GdC.* 5, 89. *PVi.* 4, 80. 6, 31. 23, 43. *MdM.* IVb, 10. 4, 29. *BZo.* 5, 96. 14, 58. *GRiq.* 3, 8. 5, 16. 60, 32. 62, 92. 77, 365.

351.] **quius** = Pron. rel. m. n. sg. + vos obl. *Chr.* 108, 12. *PVi.* 4, 80. *BdB.* 24, 27. 39, 20. *MdM.* II, 48. *BZo.* 5, 96. *GRiq.* 69, 104.

352.] · **jaus** = Adv. + vos obl. *Chr.* 159, 29. *GdP.* 4, 42.

353.] **nous** = Adv. + vos nom. *BdB.* 5, 39. *MdM.* III, 59. 15, 18. *ADa.* 6, 3. 17, 25, 39. *GRiq.* 60, 51. 76, 186. 79, 359.

354.] **nous** = Adv. + vos obl. *Chr.* 23, 25. 55, 11, 17; i. G. 44 B. *GdP.* 4, 39. *GdC.* 5, 10, 30, 67. 7, 40. *PRo.* 5, 39. 6, 36; i. G. 7 B. *PVi.* 3, 55. 5, 39; i. G. 18 B. *BdB.* 2, 37, 38. 3, 62; i. G. 19 B. *PdC.* 7, 21. 8, 17, 29; i. G. 6 B. *MdM.* II, 45. III, 22; i. G. 9 B. *ADa.* 2, 33. 13, 42. 15, 43. *GFig.* 5, 37. *BZo.* 2, 62. 8, 60; i. G. 6 B. *GRiq.* 5, 32. 57, 27, 56. 59, 80; i. G. 53 B. *FdL.* 7, 26. *Rom.* 378. *PdM.* 5, 2, 44. 7, 20. 8, 28.

355.] **cous** = Adv. + vos nom. *GRiq.* 60, 17. 79, 691.
= Adv. + vos obl. *Chr.* 94, 17. *PVi.* 36, 29. *GRiq.* 58, 33.
60, 59. 76, 178. 84, 33, 648. *PdM.* 5, 42. — *ous* = Adv.
ubi + vos obl. *ADa.* 2, 57. = Conj. aut + vos nom. *PRo.*
5, 41. — **lous** = Pron. pers. + vos obl. *PdC.* 2, 32. *GRiq.*
77, 346. 88, 35. — **sous** = Pron. dem. + vos obl. *Chr.* 161, 6.
196, 32. *PVi.* 36, 14. *BdB.* 20, 47. *ADa.* 10, 10. 15, 36.
FdL. Rom. 414.

356.] **ieus** = Pron. pers. + vos obl. *Chr.* 317, 32.
GdP. 6, 18. *PRo.* 5, 20. *BdB.* 24, 4, 15. 42, 33. *PdC.*
7, 19. 8, 29. 9, 32. *MdM.* 1, 66. 3, 12. 5, 50. *BZo.* 3, 120.
9, 58. 10, 142. *GRiq.* 57, 51. 60, 49. 59, 50, 61. 62, 91, 96.
79, 834.

B. Anlehnung an mehrsilbige Wörter.

1. An Oxytona.

357.] **meteus** = 2. pl. präs. c. + vos obl. *GRiq.* 60, 72. —
coverteus = 2. pl. präs. c. + vos obl. *GRiq.* 87, 48; vgl.
über beide Formen Diez, Gr.⁴ II, 200; vgl. ausserdem die ähnliche Erscheinung im Afrz., «*maneus*» = manez vos Chardry
Jos. 2838, «*lasiele*» = laissiez le (pic. = la) Aiol 1716. —
merceus = Subst. + vos obl. *Chr.* 98, 14. 121, 18. *BdB.*
15, 3. *GRiq.* 18, 34.

358.] **enaissius** = Adv. + vos obl. *Chr.* 278, 8. —
aissius = Adv. + vos nom. *GRiq.* 76, 73. = Adv. + vos
obl. *PVi.* 16, 59. *MdM.* 1, 43. *BZo.* 3, 124. 10, 27. *GRiq.*
59, 74. — **atressius** = Adv. + vos obl. *GRiq.* 74, 177.

359.] **volraus** = 3. sg. fut. + vos obl. *MdM.* 2, 53. —
diraus = 3. sg. fut. + vos obl. *MdM.* 2, 53.

360.] **aissous** = Pron. dem. + vos obl. *BdB.* 37, 45.
GRiq. 77, 244.

2. An Paroxytona.

361.] **membreus** = 3. sg. präs. c. + vos obl. *PVi.*
41, 37. *GRiq.* 76, 154.

362.] **respondreus** = Inf. + vos obl. *PVi.* 34, 18. — **penreus** = Inf. + vos obl. *GRiq.* 61, 39.

363.] **messatjeus** = Subst. + vos obl. *Chr.* 94, 26. — **febreus** = Subst. + vos obl., nur conjic. *Chr.* 181, 1. — **diableus** = Subst. n. sg. + vos obl. *Chr.* 317, 26. *GFig.* 2, 160.

364.] **agradaus** = 3. sg. präs. i. + vos obl. *Chr.* 153, 3. — **semblaus** = 3. sg. präs. i. + vos obl. *Chr.* 161, 17. — **duraus** = 3. sg. präs. i. + vos obl. *GRiq.* 62, 72. — **mandaus** = 3. sg. präs. i. + vos obl. *GRiq.* 73, 82. 76, 190. — **esforsaus** = 3. sg. präs. i. + vos obl. *GRiq.* 77, 198.

365.] **vensaus** = 3. sg. präs. c. + vos obl. *Chr.* 98, 43. — **prendaus** = 3. sg. präs. c. + vos obl. *PVi.* 36, 23. — **confondaus** = 3. sg. präs. c. + vos obl. *ADa.* 17, 45. — **tuelhaus** = 3. sg. präs. c. + vos obl. *BZo.* 5, 75. — **plassaus** = 3. sg. präs. c. + vos obl. *GRiq.* 39, 53. 79, 415. — **sonvengaus** = 3. sg. präs. c. + vos obl. *GRiq.* 76, 94.

366.] **seriaus** = 3. sg. cond. + vos obl. *Chr.* 53, 3. — **semblariaus** = 3. sg. cond. + vos obl. *Chr.* 80, 26. *ADa.* 16, 39. — **agraus** = 3. sg. cond. + vos obl. *ADa.* 1, 33.

367.] **elaus** = Pron. pers. + vos obl. *ADa.* 6, 17. — **araus** = Adv. + vos obl. *Chr.* 141, 3. *BdB.* 10, 12. — **domnaus** = Subst. voc. + vos obl., domna, vos *Chr.* 148, 13. — **aizinaus** = Subst. + vos obl. *Chr.* 331, 3. — **envejaus** = Subst. + vos obl. *PVi.* 36, 10. — **bauziaus** = Subst. + vos obl. *MdM.* 5, 51. — **forsaus** = Subst. + vos obl. *GRiq.* 3, 47.

368.] **tenous** = 3. pl. präs. i. + vos obl. *PVi.* 18, 22.

II. Nichtanlehnung.

A. Nichtanlehnung nach einsilbigen Wörtern.

369.] e vos = et u. vos nom. *MdM.* IVb, 13. *GRiq.* 98, 29. *FdL.* 7, 13.

370.] e vos = et u. vos obl. *BdB.* 44, 50, 51. *PdC.* 15, 24; Hs. f, die Contraction bietet, ist schwerlich deswegen zu berücksichtigen.

que vos = a) Conj. que u. vos.

371.] **que vos** = Conj. «dass» u. vos nom. *Chr.* 327, 37. *PRo.* 3, 58. *BdB.* 16, 3. *MdM.* 1, 57. 4, 47. *ADa.* 1, 30. *BZo.* 10, 35. *GRiq.* 69, 62. 76, 218. 77, 273. *FdL. Rom.* 270.

372.] que vos = Conj. «dass» u. vos obl. *BdB.* 37, 45. *Chr.* 153, 18; Hs. E hat die richtige Lesart bewahrt: M'esjauzis tan que cel jorn queus remir. — *PRo.* 8, 15; A, ein Vertreter der einen Hss.-Gruppe bietet «*queus*», das durch R und U, welche verschiedenen Gruppen angehören, haltbar erscheint: Gardatz queus sapchatz retener.

que vos = b) Pron. rel. u. vos.

373.] que vos = rel. m. n. sg. u. vos obl. *BdB.* 42, 10. = rel. m. o. sg. u. vos nom. *Chr.* 156, 13. = rel. m. o. pl. u. vos nom. *Chr.* 157, 20.

374.] que vos = rel. f. o. pl. u. vos nom. *FdL. Rom.* 208.

375.] que vos = rel. neutr. o. sg. u. vos nom. *GRiq.* 45, 52. = rel. neutr. o. sg. u. vos obl. *Chr.* 200, 1; die Stelle scheint mir eine kühne und unnötige Conjectur von Bartsch; das «*nous*» der beiden Hss. ist beizubehalten («darum darf es euch nicht freuen, wenn ich davon [von der «*gelozia*»] ablasse»); das folgende «*trop*», für welches B. «*assatz*» einschiebt, erklärt den Vers; 200, 1—3 sind bitterer Hohn des Trobadors.

que vos = c) Pron. interr. que u. vos.

376.] que vos = interr. neutr. o. sg. und vos obl. *PdC.* 25, 15; «*que*» steht in der Cäsur und ist Träger des Tones; daher die Nichtcontraction: Sabetz per que vos sui hom e servire.

377.] **be vos** = Adv. u. vos obl. *BdB.* 10, 11. — **me vos** = Pron. pers. abs. u. vos obl. *Chr.* 98, 33. — **vec vos** = 2. sg. imperat. vezer + Adv. u. vos obl. *Chr.* 197, 6. *GRiq.* 73, 35. 75, 144. 81, 247. 82, 52.

378.] **si vos** = Conj. u. vos nom. *Chr.* 159, 19. *PdC.* 2, 32. *MdM.* 1, 46. *GFig.* 4, 37. *GRiq.* 69, 40.

379.] si vos = Conj. u. vos obl. *Chr.* 317, 33. *MdM.* IV b, 26. *Chr.* 94, 36 möchte ich lesen: Er en aujatz, domna sius plai. — *Chr.* 362, 37 ist nur in einer Hs. und kann in Sius o sap bo gebessert werden. — *GRiq.* 79, 542 muss des Versmasses wegen contrahiert werden: E sius ai dig desus Dic quel devers el us.

380.] **ni vos** = Conj. u. vos obl. *GdP.* 4, 42. *PdM.* 7, 20; Contraction ist unterblieben, um Alliteration herzustellen, die der Dichter unverkennbar in mehreren Versen anstrebte.

381.] **qui vos** = Pron. interr. m. n. sg. und vos obl. *Chr.* 160, 33. = Pron. rel. m. n. sg. u. vos obl. *Chr.* 61, 22. *PVi.* 6, 31. *Chr.* 275, 20; an letzter Stelle scheint das *«vos»* mit einem Nachdruck der Verächtlichkeit und darum betont gesprochen zu sein.

382.] **no vos** = Adv. u. vos nom. *Chr.* 331, 12. = Adv. u. vos obl. *Chr.* 104, 10. *BdB.* 42, 40. *PdC.* 9, 13. Bei *Chr.* 56, 15 kann zweifelhaft sein, ob auch das reflexive *«vos»* noch Anteil an dem Gegensatze in v. 14 u. 15 und damit am Tone hat. — *Chr.* 98, 2 ist Conjectur von Bartsch; ich halte sie für weniger begründet als folgende: Mas jes nous trop lai ni nous vei. — *MdM.* III, 54; A, die beste der Hss., schreibt *«non vos»* gegen CRf.

383.] **o vos** = Conj. aut u. vos nom. *Chr.* 154, 18. = Conj. aut u. vos obl. *Chr.* 94, 17; die Hs. bietet *«ous»*; dieses ist mit grösserem Recht in *«cous»* zu erweitern, als in *«o vos»* aufzulösen. Cous disses o cous fezes dir.

384.] **co vos** = Conj. u. vos obl. *GRiq.* 79, 296, 656. 84, 548; man muss Nachlässigkeit des Copisten annehmen; die Nichtcontraction findet sich alle 3 Mal in derselben formelhaften Wendung: co vos ai dig desus, und ist nach v. 73, 27. 84, 873 u. a. in *«com vos»* zu bessern.

385.] **so vos** = Pron. dem. u. vos obl. *BdB.* 4, 9. 17, 23. 21, 45. — **tro vos** = Conj. u. vos nom. *BdB.* 12, 20. *GRiq.* 24, 40.

386.] **eu vos** = Pron. pers. u. vos obl. *Chr.* 72, 12. 95, 37. 124, 17, 22. 161, 8. 163, 4. 172, 2. 198, 23. *GdC.* 7, 35.

PVi. 11, 12. 26, 31. *BdB.* 11, 27. *PdC.* 15. 6. *MdM.* 4, 25, 42. *BZo.* 10, 34.

387.] **ieu vos** = Pron. pers. u. vos obl. *Chr.* 318, 24. 328, 23. 362, 34. *BdB.* 31, 40. *PdC.* 2, 35. 12, 41. *MdM.* 1, 42, 47, 51. *GRiq.* 57, 79. 79, 798. *FdL. Rom.* 390.

388.] **greu vos** = Adv. u. vos obl. *GFig.* 2, 100. — **deu vos** = 3. sg. präs. i. und vos obl. *GRiq* 94, 15. = Subst. u. vos obl. *Chr.* 143, 31. — **dieu vos** = Subst. u. vos obl. *PRo.* 9, 11. *BdB.* 36, 43.

389.] **cui vos** = Pron. rel. o. sg. und vos nom. *Chr.* 158, 31. = rel. o. sg. u. vos obl. *PRo.* 9, 10.

390.] **may vos** = Adv. u. vos obl. *Chr.* 331, 7. — **lai vos** = Adv. u. vos obl. *BdB.* 26, 26. *ADa.* 2, 38. — **sai vos** = 1. sg. präs. i. und vos obl. *PdC.* 15, 39. — **ai vos** = 1. sg. präs. i. und vos obl. *GRiq.* 84, 835.

391.] **dei vos** = 1. sg. präs. i. und vos obl. *MdM.* 16, 1.

392.] **suau vos** = Adv. u. vos obl. *Chr.* 101, 25. — **lau vos** = 1. sg. präs. i. und vos obl. *GdC.* 5, 15.

B. Nichtanlehnung nach mehrsilbigen Wörtern.

1. Nach Oxytonis.

393.] **merce vos** = Subst. u. vos obl. *PdC.* 18, 40. *BZo.* 14, 51. — **tenra vos** = 3. sg. fut. u. vos obl. *MdM.* 2, 45. — **aisso vos** = Pron. dem. u. vos obl. *MdM.* 15, 37.

394.] **dirai vos** = 1. sg. fut. u. vos obl. *Chr.* 54, 15. 246, 1. *GdP.* 3, 4, 10. *BdB.* 29, 37. *MdM.* 19, 64. *GRiq.* 84, 212. — **servirai vos** = 1. sg. fut. u. vos obl. *PVi.* 13, 61. — **trametrai vos** = 1. sg. fut. u. vos obl. *PdC.* 9, 37. — **volray, vos** = 1. sg. fut. u. vos obl. *GRiq* 89, 31. — **farai vos** = 1. sg. fut. u. vos obl. *FdL. Rom.* 292.

2. Nach Paroxytonis.

395.] **membre vos** = 3. sg. präs c. und vos obl. *GdC.* 1, 22. — **appeure vos** = Infin. u. vos obl. *GRiq.* 91, 44.

396.] **garda vos** = 3. sg. präs. i. und vos obl. *Chr.* 121, 26. — **anava vos** = 1. sg. imperf. i. und vos obl. *GRiq.* 58, 8.

397.] **guerra vos** = Subst. u. vos obl. *BdB.* 6, 43. — **dompna vos** = Subst. voc. u. vos nom. *FdL.* 7, 9.   = Subst. u. vos obl. *MdM.* 1, 71. — **Tempra, vos** = nom. propr. voc. u. vos nom. *BdB.* 16, 22. — **Fulheta, vos** = nom. propr. voc. u. vos nom. *BdB.* 17, 1. — **aquesta vos** = Pron. dem. n. vos obl. *BdB.* 10, 21.

398.] **Jesu vos** = nom. propr. u. vos obl. *BdB.* 4, 8. 17, 22.

§ 10.

Lo, pron. pers. 3. sg. acc., masc.

I. Anlehnung.

A. Anlehnung an einsilbige Wörter.

399.] *el* = et + lo *Chr.* 49, 7. 73, 10. 127, 29. 291, 14. *PVi.* 22, 4. 41, 8. *BdB.* 14, 72. 16, 20. 26, 2. 41, 39. *MdM.* 5, 3. *ADa.* 7, 58. 16, 34. 17, 19. *BZo.* 15, 12. *GRiq.* 4, 8. 9, 47. 44, 29. 69, 60. 71, 40. 101, 102, 230, 359. 75, 220, 227. 84, 458. *PdM.* 6, 39.

quel = a) Conj. + lo.

400.] quel = quar + lo *Chr.* 59, 22. *ADa.* 12, 32.

401.] quel = Conj. «dass» (fin., consec., etc.) + lo : *Chr.* 1, 6. 79, 20. 175, 12. 245, 33. 324, 44. *Pllo.* 4, 51. *PVi.* 32, 27. 33, 10. *BdB.* 7, 42. 13, 2. 15, 8. 26, 14. *GFig.* 1, 16. *BZo.* 4, 52. 5, 94. *GRiq.* 12, 71. 52, 31. 69, 59. 71, 100, 128. 72, 71, 73. 74, 198. 77, 284. 78, 124. 82, 3. 97, 5. 98, 34. *FdL. Rom.* 108.

quel = b) Pron. rel. + lo.

402.] quel = rel. m. n. sg. + lo *Chr.* 280, 17. 289, 5. 291, 11. 329, 18. *PRo.* 1, 21. *PVi.* 24, 46. *MdM.* 17, 23. *GRiq.* 22, 30. 67, 21. 78, 165.

403.] quel = rel. f. n. sg. + lo *PRo.* 2, 66. *ADa.* 16, 34. *GRiq.* 97, 27. = rel. f. o. sg. + lo *GRiq.* 71, 265.

404.] quel = rel. neutr. n. sg. + lo *GRiq.* 93, 22. = rel. neutr. o. sg. + lo *GRiq.* 5, 40. 28, 34.

405.] quel = rel. m. n. pl. + lo *Chr.* 8, 11. 303, 33. *GRiq.* 9, 39. 71, 137. 75, 340. 83, 117.

406.] be*l* = Adv. + lo *Chr.* 70, 27. *GdP.* 8, 17. *PVi.* 13, 8. 27, 12. *BdB.* 35, 62. *GRiq.* 55, 4. 71, 308. — ne*l* = Conj. + lo *Chr.* 245, 25, 37. — re*l* = Subst. + lo *BdB.* 17, 30.

407.] ja*l* = Adv. + lo *PRo.* 3, 32, 60. *BZo.* 12, 24. — a*l* = 3. sg. präs. i. + lo *GRiq.* 72, 141. — fa*l* = 3. sg. präs. i. + lo *GRiq.* 83, 132.

408.] si*l* = Conj. + lo *Chr.* 54, 29. 142, 20. 1, 9. 6, 47. 18, 15. *BdB.* 3, 19. 35, 15. *ADa.* 9, 98 (so von Canello gefasst, von Bartsch als Artikel u. »ders« als part. prät.). 11, 15. *BZo.* 4, 20, 53. 12, 52. *GRiq.* 62, 103. 71, 160. 74, 208. 78, 224. 79, 468. 86, 24. 91, 35.

409.] ni*l* = Conj. + lo *Chr.* 107, 6. *JRu.* 6, 46. *PVi.* 27, 12. *MdM.* 1, 18. *GFig.* 2, 129. *BZo.* 2, 36. 15, 26. *GRiq.* 22, 25. 51, 14. 71, 401. 73, 43. 78, 98. 81, 377.

410.] qui*l* = Pron. rel. m. n. sg. + lo *Chr.* 81, 8. 122, 26. 124, 4. 161, 36. 176, 27 (indef.). 181, 14. 298, 18. *PVi.* 25, 18. *BdB.* 24, 41. *PdC.* 1, 12. *MdM.* I, 24. *GRiq.* 5, 43. 75, 429. = rel. m. n. pl. + lo *BdB.* 42, 44.

411.] mi*l* = Pron. pers. abs. + lo *Chr.* 280, 12. *BdB.* 35, 17. *PdC.* 12, 7. *ADa.* (mel) 14, 18.

412.] no*l* = Adv. + lo *Chr.* 2, 20. 3, 10. 4, 16. 7, 2. 69, 12, 14. 81, 14. 82, 10. 94, 15; i. G. 26 B. *GdP.* 9, 34. *GdC.* 1, 11. 3, 34. 7, 16. *PRo.* 4, 12. 5, 14. *PVi.* 7, 64. 12, 51. 23, 35. 25, 14. 44, 22, 86. *BdB.* 2, 26. 6, 45. 10, 16. 14, 8, 14. 27, 31. 30, 3. 32, 16. 35, 48. 43, 8. 45, 48. *PdC.* 12, 13. 17, 12, 33. *MdM.* 1, 18. 2, 17. 5, 38. *GFig.* 3, 9. *BZo.* 9, 35. 12, 20. 14, 6. 15, 26. 18, 62. *GRiq.* 10, 16. 18, 26. 19, 22. 22, 21. 23, 26. 24, 24. 38, 82. 40, 30. 44, 5, 18.

47, 37. 50, 27. 52, 25. 54, 45. 58, 22. 64, 45. 69, 61. 71, 46. 71, 400. 72, 97. 75, 56, 75, 280. 78, 51, 161, 248. 81, 125, 208, 209, 259, 352, 398. 82, 89. 83, 182. 87, 43. 99, 45. PdM. 4, 58.

413.] co*l* = Conj. + lo *Chr.* 69, 13. *GRiq.* 84, 129. — so*l* = Pron. dem. + lo *BdB.* 4, 24. *GFig.* 1, 59. — e*l* = Conj. aut + lo *PdC.* 17, 3. *GRiq.* 35, 23.

414.] eu*l* = Pron. pers. + lo *Chr.* 78, 29. 197, 17. 200, 5; alle 3 Belege sind unsicher; 78, 29 u. 200, 5 sind in «qu'iel» zu bessern, 197, 17 in «ieu lous».

415.] ie*l* = Pron. pers. + lo *GRiq.* 75, 292. 91, 27.

416.] ieu*l* = Pron. pers. + lo *BdB.* 15, 9; von den 10 Hss. haben BF das Pronomen ausgelassen, in T ist es nicht angelehnt. ADRE steht die Lesart von C «iel», die durch IK unterstützt wird, mit mehr Berechtigung gegenüber. — *PdC.* 23, 36; herzustellen ist ganz gewiss «sil» nach CRTf, was DLK bekräftigt. Nun kann freilich die Frage entstehen, ob dies «l» «lo» oder «li» ist. Und dieses wird dadurch entschieden, ob «ben» als Subst. oder Adverb anzusehen ist. Ich entscheide mich für das Letztere und zwar wegen der Wortstellung in ACDRf, wo das «ben dir» einen Begriff ausmacht.

417.] fai*l* = 3. sg. präs. i. + lo *Chr.* 179, 28; so ist von Bartsch conjiciert, da er anzunehmen scheint, dass «fai» 2. sg. imperat. ist. Indessen weist die Hs. entschieden darauf (fai a gardar), dass «fai» 3. sg. präs. i. ist; man muss bessern durch Auslassung von «a»; vgl. über diesen Gebrauch von «faire» Stimming, *BdB.* zu 35, 39; Appel, *PRo.* zu 2, 27.

B. Anlehnung an mehrsilbige Wörter.

1. An Oxytona.

418.] cossi*l* = Conj. + lo *BdB.* 5, 38. *GRiq.* 77, 71. — cobrara*l* = 3. sg. fut. + lo *BdB.* 32, 41.

2. An Paroxytona.

419.] blasme*l* = 3. sg. präs. c. + lo *GRiq.* 93, 24. — segre*l* = Inf. + lo *Chr.* 164, 27. — perdre*l* = Infin. + lo *GRiq.* 78, 115.

420.] paire*l* = Subst. + lo *GRiq.* 71, 267. — autre*l* = Adj. + lo *Chr.* 178, 4. *GRiq.* 78, 119, 120, 122.

421.] emperi*l* = Subst. + lo *Chr.* 2, 10.

422.] forsa*l* = 3. sg. präs. i. + lo *GRiq.* 72, 139. — ama*l* = 2. sg. imperat. + lo *Chr.* 343, 34.

423.] diga*l* = 3. sg. präs. c. + lo *Chr.* 70, 28. — meta*l* = 3. sg. präs. c. + lo *Chr.* 273, 36. — socora*l* = 3. sg. präs. c. + lo *BdB.* 4, 6.

424.] batria*l* = 3. sg. cond. + lo *Chr.* 207, 24.

425.] cela*l* = Pron. dem. + lo *BZo.* 10, 144. — malautia*l* = Subst. + lo *Chr.* 173, 17. — senha*l* = Subst. + lo *Chr.* 292, 12. — coa*l* = Subst. + lo *GdP.* 5, 55. — dona*l* = Subst. + lo *PRo.* 1, 11. — vida*l* = Subst. + lo *PVi.* 29, 72. — predicansa*l* = Subst. + lo *GFig.* 2, 41. — vergonha*l* = Subst. + lo *GRiq.* 82, 50. — Tolsa*l* = nom. propr. + lo *BdB.* 32, 35. — ara*l* = Adv. + lo *ADa.* 17, 40.

426.] noirisso*l* = 3. pl. präs. i. + lo *GFig.* 6, 11.

II. Nichtanlehnung.

A. Nichtanlehnung nach einsilbigen Wörtern.

427.] que lo = Conj. «dass» u. lo *BdB.* 33, 40; passender würde es sein, «ben» zur 1. Vershälfte zu ziehen und die Lesart von C zu adoptieren: Quel vejon be cilh de Matafello. — *GRiq.* 79, 85 ist gleichfalls zu bessern: Donc plassal quel lo mostre.

428.] si lo = Adv. u. lo *BdB.* 26, 53. = Conj. u. lo *BdB.* 45, 4; die Hss. schreiben «sel»; dieses ist nicht aufzulösen, sondern ein Wort einzusetzen, wie der Herausgeber p. 299 selbst angibt: E sel pogues om revenjar.

429.] **ni lo** = Conj. u. lo *BdB.* 33, 37.

430.] **mi lo** = Pron. pers. u. lo *PdC.* 5, 16; der Grund der Nichtcontraction liegt wahrscheinlich darin, dass auf «*lo*» gleich das stärkstbetonte Wort des Verses, das Reimwort, folgt, nachdem auch «*mi*» mit besonderem Nachdruck schon gesetzt, also das Dazwischentreten eines minderbetonten Wortes naturgemäss ist.

431.] **qui lo** = Pron. rel. m. n. pl. u. lo *PdC.* 1, 5. = rel. m. o. pl. u. lo *GRiq.* 75, 315; aus «*qui*» ist zwanglos «*cui*» herzustellen.

432.] **ja lo** = Adv. u. lo *BZo.* 2, 68.

433.] **eu lo** = Pron. pers. 3. sg. u. lo *Chr.* 2, 22. = Pron. pers. 1. sg. u. lo *Chr.* 20, 30, 31. 81, 19. — **ieu lo** = Pron. pers. u. lo *GdP.* 2, 21. *GRiq.* 41, 31. — **sieu lo** = Pron. poss. u. lo *PdC.* 7, 6. — **dieu lo** = Subst. u. lo *BdB.* 26, 13. — **deu lo** = 3. sg. präs. i. u. lo *BdB.* 27, 32. *GRiq.* 79, 120.

434.] **fai lo** = 3. sg. präs. i. und lo *PVi.* 35, 38. — **viu lo** = Adj. u. lo *Chr.* 20, 20. *PVi.* 18, 51. — **joi lo** = Subst. u. lo *ADa.* 2, 24.

B. Nichtanlehnung nach mehrsilbigen Wörtern.

1. Nach Oxytonis.

435.] **aisso lo** = Pron. dem. u. lo *Chr.* 207, 26.

436.] **farai lo** = 1. sg. fut. u. lo *Chr.* 103, 19. — **aurai lo** = 1. sg. fut. u. lo *GdC.* 1, 27. — **volrai lo** = 1. sg. fut. u. lo *BdB.* 15, 41.

2. Nach Paroxytonis.

437.] **metre lo** = Inf. u. lo *BdB.* 22, 23. — **febre lo** = Subst. u. lo *Chr.* 180, 24. — **autre lo** = Adj. u. lo *BdB.* 16, 17 (nur conjiciert). *GRiq.* 82, 79.

438.] **lausa lo** = 2. sg. imperat. u. lo *Chr.* 344, 24. — **captengra lo** = 3. sg. cond. u. lo *Chr.* 372, 29. — **pesa lo**

= Subst. u. lo *Chr.* 178, 29. — **eveja lo** = Subst. u. lo *Chr.* 1, 27 durch die Cäsur getrennt: Ans per eveja lo mesdran e praiso. — **colpa lo** = Subst. u. lo *PdC.* 12, 14 durch die Cäsur getrennt: En sa colpa lo pert pois longamen.

439.] **saludey lo** = 1. sg. perf. u. lo *Chr.* 361, 32.

§ 11.
La, pron. pers. 3. sg. acc. fem.

440.] Man vgl. das vorhin über den Artikel «*la*» Gesagte.

Das Pronomen «*la*» erscheint nirgends contrahiert. Das einzige «*quel*» = que la *MdM.* 6, 13 ist Ergebnis der «Conjecturalcritik» Philippsons und bleibt daher unberücksichtigt. (An der angezogenen Stelle braucht an der Überlieferung gar nicht gebessert zu werden, vgl. Klein's Ausgabe.)

§ 12.
Li, pron. pers. 3. sg. dat. masc. u. fem.

I. Anlehnung.

441.] Denjenigen Fällen, in welchen das Verbum des Satzes das Object im dat. u. acc. regieren kann (wie servir, pregar, enuejar, u. a), in welchen also «*l*» ebensowohl «*lo*» bedeuten möchte, habe ich ein ? beigefügt. Wenn jedoch das Object fem. ist, wird gemäss 440.] «*li*» vorliegen. Dies würde bei einer Untersuchung über die syntaktische Natur jener Verben ein sicheres Criterium bilden.

442.] ***el*** (elh) = et + li m. *Chr.* 162, 20. 180, 9. *PVi.* 29, 31. *BdB.* 27, 15. *PdC.* 11, 3. 13, 29. *GFig.* 2, 78. *BZo.* 2, 46. 8, 42. *GRiq.* 30, 30. 35, 58. 52, 30. 71, 88, 129, 134, 376. 75, 575. 79, 52. 81, 460. 83, 118, 143. 98, 2.

443.] cl = et + li f. *Chr.* 59, 25. *PVi.* 7, 27. 16, 20. *PdC.* 11, 26. *MdM.* 6, 31. *BZo.* 13, 37. 15, 33. *GRiq.* 3, 36. 27, 58. 74, 174.

444] el = eu + li m. *BdB.* 4, 48.

quel (quelh, queil, queill) = a) Conj. + li.

445.] quel = quar + li m. *GRiq.* 82, 92. = quar + li f. *BdB.* 12, 43 (vgl. Anmerk. dazu).

446.] quel = Conj. «dass» (fin., consec., etc.) + li m. *Chr.* 78, 10. 79, 1. 106, 3. 122, 16. 180, 29. 275, 20. 304, 16. *PVi.* 33, 9. *BdB.* 14, 54. 18, 33. 34, 48. *MdM.* IVa, 13. 6, 9. *ADa.* 9, 65. *BZo.* 7, 67. 18, 41. *GRiq.* 11, 12. 21, 24. 23, 33, 37. 30, 17. 38, 20. 69, 99. 73, 32. 75, 409. 78, 110, 126. 82, 152. 84, 170. 98, 52.

447.] quel = Conj. «dass» + M f. *JRu.* 1, 34. *PRo.* 7, 44. *PVi.* 5, 20. 7, 21. 16, 20. 39, 19. *PdC.* 6, 15. 10, 16. 16, 21. 18, 35. 20, 34. 21, 34. *MdM.* 5, 12. *BZo.* 6, 39. *GRiq.* 19, 16. 23, 18. 64, 45. 67, 24. *FdL. Rom.* 424.

quel = b) Pron. rel. que + li.

448.] quel = rel. m. n. sg. + li m. *PVi.* 37, 10. *BdB.* 35, 42, 47. *MdM.* 5, 5. *GRiq.* 70, 98. 84, 48. = rel. m. o. sg. + li m. *Chr.* 122, 9. 207, 18. 303, 23.

449.] quel = rel. m. n. sg. + li f. *Chr.* 93, 27. 275, 25. *GRiq.* 86, 3. = rel. m. o. sg. + li f. *GRiq.* 25, 36.

450.] quel = rel. f. n. sg. + li m. *Chr.* 180, 45. 324, 12. *GRiq.* 71, 263. 98, 5.

451.] quel = rel. f. n. sg. + li f. *Chr.* 207, 13. 210, 9. *BZo.* 15, 41. *ADa.* 4, 20. *GRiq.* 55, 3, 9, 33, 45. = rel. f. o. sg. + li f. *Chr.* 208, 30. *PVi.* 40, 33.

452.] quel = rel. neutr. n. sg. + li m. *Chr.* 126, 17. *PVi.* 23, 11. *BZo.* 9, 17. *GRiq.* 12, 43. 77, 56. 79, 80. 83, 50. *FdL.* 3, 28. = rel. neutr. o. sg. + li m. *Chr.* 162, 20. *BdB.* 27, 13. *GRiq.* 71, 257. 74, 150. 82, 135.

453.] quel = rel. neutr. n. sg. + li f. *Chr.* 152, 28. *PRo.* 6, 14. *PVi.* 44, 84. = rel. neutr. o. sg. + li f. *PdC.* 23, 49. *GRiq.* 73, 53.

454.] quel = rel. m. n. pl. + li m. *GRiq.* 51, 24. = rel. m. o. pl. + li m. *FdL. Rom.* 496.

455.] quel = rel. m. n. pl. + li f. *PdC.* 21, 16.

que*l* = c) Pron. interr. que + li.

456.] quel = interr. neutr. o. sg. + li f. *PVi.* 37, 41.

457.] cre*l* = 1. sg. präs. i. + li m. *GRiq.* 95, 49.

458.] si*l* = Conj. + li m. *Chr.* 17, 33. 94, 1. 208, 12, 15. 304, 24. 330, 12. 374, 11. *PRo.* 4, 51. *BdB.* 27, 26. 32, 50. 41, 38. *ADa.* 1, 24. 4, 39. 12, 28. *GFig.* 2, 83. *GRiq.* 16, 37. 47, 28. 72, 156. 75, 560. 78, 128. 79, 69. 82, 110, 149. 83, 39, 134. 88, 7, 8. 93, 65. 98, 48. *PdM.* 6, 35. 8, 100.

459.] sil = Conj. + li f. *Chr.* 48, 15. 165, 20. *PRo.* 1, 27. *PVi.* 1, 50. 5, 33. 42, 38. *PdC.* 12, 20. *MdM.* 2, 32. *ADa.* 17, 16. *BZo.* 3, 82. *GRiq.* 13, 43. 14, 36. 20, 21. 48, 51. 70, 126. 74, 176. *PdM.* 2, 46.

460.] ni*l* = Conj. + li m. *Chr.* 81, 2. 292, 25. *PdC.* 1, 29. 11, 5. *MdM.* 3, 8. *GRiq.* 71, 415. 81, 214. *FdL. Rom.* 296.

461.] nil = Conj. + li f. *Chr.* 174, 38. *PRo.* 3, 25. 6, 12. *PVi.* 22, 51. *PdC.* 23, 42. *MdM.* 3, 49. *GRiq.* 90, 7. *FdL.* 1, 6.

462.] qui*l* = Pron. rel. m. n. sg. + li m. *Chr.* 195, 21. 292, 25. *GRiq.* 71, 77. 73, 33; die Lesart der letzten Stelle ist jedenfalls in «*quel*» = Conj. + li zu bessern. = rel. m. n. sg. + li f. *BZo.* 15, 33. = rel. m. n. sg. + ? m. *PdC.* 11, 14. *FdL. Rom.* 414.

463.] mi*ll* = pron. pers. abs. + li f. *Chr.* 77, 12. *PdC.* 3, 10. — di*l* = 2. sg. imperat. + li f. *BZo.* 6, 61, 83.

464.] a*l* = 3. sg. präs. i. + li m. *Chr.* 125, 26. 127, 1. — la*ill* = Pron. pers. + li m. *Chr.* 179, 14. *ADa.* 8, 57. — ja*l* (jail) = Adv. + li f. *Chr.* 123, 27. *ADa.* 3, 35; die Annahme Canello's, jail = jam illam, trifft nicht zu.

465.] no*l* (nolh, noil, etc.) = Adv. + li m. *Chr.* 4, 16, 34. 81, 9. 105, 18. 123, 5. 145, 13. 158, 8; i. G 14 B.

GdP. 9, 13. *PVi.* 4, 32. 6, 64. 8, 11. 25, 6. 27, 60. 29, 33.
BdB. 2, 46. 4, 33, 47. 6, 10. 7, 39. 21, 42. 33, 38. 37, 48, 60.
43, 17. *PdC.* 1, 27. 4, 7. 11, 4, 11. 14, 12. 18, 9. 26, 29,
31, 44, 53. *MdM.* IVa, 14. 5, 39. *ADa.* 1, 45. 8, 30. 14, 12.
BZo. 1, 62. 7, 69. 9, 31. 14, 28. 16, 50. 18, 19. *GRiq.* 10,
17, 25. 29, 37. 31, 27. 35, 37; i. G. 16 B. *FdL.* 2, 17.
Rom. 327. *PdM.* 6, 22. 8, 32.

466.] nol = Adv. + li f. *Chr.* 50, 3. 91, 21. 143, 35.
152, 28. 154, 26; i. G. 13 B. *GdP.* 4, 50. *GdC.* 3, 21.
PRo. 3, 34. *PVi.* 1, 74. 5, 24. 15, 34. 21, 15, 41. 24, 28.
28, 12, 29, 30. 37, 7. *BdB.* 4, 50. 21, 56. 38, 10, 44. *PdC.*
7, 7, 15. 11, 28, 34, 37; i. G. 12 B. *MdM.* 2, 27. 6, 10, 12.
ADa. 3, 32. 7, 60, 61. 15, 10. 16, 12. 18, 12. *GRiq.* 1, 45.
3, 7, 40. 9, 22. 20, 45; i. G. 22 B. *FdL.* 5, 26.

467.] **solh** = Pron. dem. + li f. *PdC.* 19, 17. —
quol (col) = Conj. + li m. *GRiq.* 51, 23. 95, 74. = Conj.
+ li f. *PRo.* 6, 11. *PdM.* 1, 56. — **lol** (lolh) = Pron. pers.
+ li m. *Chr.* 17, 17. 179, 31. *BdB.* 8, 32. 17, 37. *PdC.*
10, 18. *ADa.* 4, 39. *GRiq.* 6, 47. = Pron. pers. + li f.
PRo. 2, 42. *BdB.* 7, 12. 34, 8. *MdM.* 5, 15, 16. — **prol**
= Adv. + li m. *BdB.* 7, 27.

468.] **eul** = Pron. pers. 3. sg. + li m. *Chr.* 5, 8.
= Pron. pers. 1. sg. + li m. *Chr.* 104, 14. 170, 32.

469.] **ielh** = Pron. pers. + li m. *GRiq.* 26, 65. 35, 57.
82, 152 (?). = Pron. pers. + li f. *Chr.* 323, 40. *PdC.* 19, 13.
GRiq. 28, 30. *PdM.* 2, 34.

470.] **ieulh** = Pron. pers. + li m. *BdB.* 42, 21 ist
in «ielh» zu ändern, da von den 3 Hss. R «yel» u. E «eil»
bieten. = Pron. pers. + li f. *MdM.* 5, 33.

B. Anlehnung an mehrsilbige Wörter.

1. An Oxytona.

471.] **mercelh** = Subst. + li m. *Chr.* 292, 16. *BdB.*
37, 37. = Subst. + li f. *Chr.* 277, 4. *PdC.* 10, 15. —

aissil = Adv. + li m. *GRiq*. 71, 522. — **aquol** = Pron. dem. + ? m. *Chr*. 69, 29.

472.] **sofraignerail** = 3. sg. fut. + li m. *Chr*. 105, 20.

2. An Paroxytona.

473.] **meneill** = 3. sg. präs. c. + li m. *Chr*. 179, 6. — **membrelh** = 3. sg. präs. c. + li m. *PRo*. 3, 65. *BdB*. 40, 23. — **preguel** = 3. sg. präs. c. + ? m. *GRiq*. 43, 34. — **messatgel** = Subst. n. sg. + li m. *BdB*. 39, 10*). — **autrel** = Adj. + li m. *GRiq*. 78, 105.

474.] **dissil** = 1. sg. perf. + li f. *GRiq*. 61, 19. 62, 17. — **volguil** = ?. sg. perf. + ? m. *GRiq*. 14, 14.

475.] **semblal** = 3. sg. präs. i. + li m. *Chr*. 105, 22. *PVi*. 45, 53. *GRiq*. 84, 461. — **amal** = 3. sg. präs. i. + ? m. *PdC*. 11, 7.

476.] **clamal** = 2. sg. imperat. + li f. *PRo*. 6, 46. — **perdonail** = 2. sg. imperat. + li f. *PdC*. 24, 13. — **encertalh** = 2. sg. imperat. + li m. *BZo*. 11, 38. — **pregal** = 2. sg. imperat. + ? m. *GRiq*. 68, 10.

477.] **plassal** = 3. sg. präs. c. + li m. *GRiq* 79, 85. 80, 392. 82, 170. = 3. sg. präs. c. + li f. *BdB*. 10, 8. — **fassail** = 3. sg. präs. c. + li m. *ADa*. 4, 36. — **digalh** = 1. sg. präs. c. + li m. *BZo*. 18, 13.

478.] **plazial** = 3. sg. imperf. i. + li m. *GRiq*. 18, 29.

479.] **feiralh** = 3. sg. cond. + li m. *Chr*. 172, 7. — **feral** = 3. sg. cond. + li m. *GRiq*. 23, 34. — **covengral** = 3. sg. cond. + li m. *Chr*. 80, 8. — **foralh** = 3. sg. cond. + li m. *BdB*. 8, 31. — **agrail** = 3. sg. cond. + li m.

---

*) Stimming hat wohl (p. 289 zu 4, 50) Unrecht, diese Form als Beweis dafür anzuziehen, dass die Nomina auf «atge» im nom. sg. kein s bekommen. Flexivisches uud stammhaftes s geht wenigstens im Falle der Anlehnung mehrfach verloren; vgl. diableus *Chr*. 317, 26; *GFig*. 2, 160; vom *GRiq*. 91, 21; St.'s Annahme steht entgegen messatjes *Chr*. 18, 18, wo s den Hiat aufhebt, vgl. aber Loos A. u. A. XVI § 70.

Chr. 325, 27. *MdM.* I, 87. — **deurial** = 1. sg. cond. + li f. *GRiq.* 97, 36.

480.] **elalh** = Pron. pers. + li m. *BZo.* 10, 10. — **coall** = Subst. + li f. *Chr.* 103, 35. — **caralh** = Subst. + li f. *Chr.* 143, 29. — **arsemizalll** = Subst. + li m. *Chr.* 181, 4. — **vidalh** = Subst. + li m. *BdB.* 32, 38. *PdM.* 8, 72. — **senhorial** = Subst. + li m. *FdL. Rom.* 109. — **Tolozal** = nom. propr. + li m. *Chr.* 81, 6. — **dreital** = Adj. + li m. *Chr.* 180, 31.

481.] **servolh** = 3. pl. präs. i. + li f. *PVi.* 29, 26. — **perdol** = Subst. + li f. *PdC.* 17, 40.

II. Nichtanlehnung.

A. Nichtanlehnung nach einsilbigen Wörtern.

482.] **e li** = et u. li m. *GRiq.* 52, 30. *BdB.* 7, 34; die Lesart von M erscheint nicht minder annehmbar als die vorliegende von C: E vielh quant ha vins ni blatz ni bacos. — *GRiq.* 77, 134 erscheint erst gesichert durch Einführung von »et li«.

483.] **que li** = Conj. »dass« u. li m. *GRiq.* 3, 82. 29, 29. 82, 150. 83, 38. 79, 370. *BdB.* 42, 20; da die 3 Hss. CER, welche den Vers aufweisen, zu demselben Typus gehören, so hat die Lesart von R grösste Wahrscheinlichkeit: Qu'el li valha quan n'aura mandamen.

que li = Pron. rel. que u. li.

484.] **quo li** = rel. m. n. sg. u. li m. *Chr.* 293, 13. *GRiq.* 38, 55. = rel. m. n. sg. u. li f. *GRiq.* 20, 16. 67, 23.

485.] **que li** = rel. neutr. n. sg. u. li m. *PVi.* 35, 43; mit Hülfe von OR ist der Vers herzustellen in: So quel fai mal, mas ben saupra grazir. = rel. neutr. o. sg. u. li m. *GRiq.* 71, 404. 77, 130. 83, 46; obwohl die 3 Belege nur in einer Hs. überliefert, scheinen sie doch kaum abweisbar, einmal, weil in den Liedern *GRiq.*'s die Nichtcontractionen sich mehrfach von AB geboten finden (vgl. 483, 484) und dann, weil die Zahl derselben (11 : 43 Contr.) es wahrscheinlich macht, dass die in früherer Zeit fast obligatorische Anlehnung in diesem besondern Falle sehr eingebüsst hatte.

486.]   que li = rel. m. n. pl. u. li m. *BdB*. 14, 52; die einzige Hs. C hat «*quel*». Stimm. conjiciert, des Versmasses wegen, Auflösung. Ich ziehe vor zu lesen: Quel mais valrion ai daurat.

487.]   **be li** = Adv. u. li m. *GRiq*. 79, 191. 83, 49. = Adv. u. li f. *Chr*. 59, 26. — **te li** = Pron. pers. abs. u. li f. *Chr*. 144, 35.

488.]   **si li** = Conj. u. li f. *JRu*. 6, 39; nur in C überliefert, ist die Lesart in «*sil o*» zu bessern. — *GRiq*. 65, 9; gleichfalls nur in einer Hs.; es ist vorzuziehen «*s'a lieis*». — di li = 2. sg. imperat. u. li m. *PVi*. 4, 75.

489.]   **fa li** = 3. sg. präs. i. u. li m. *GRiq*. 99, 13.

490.]   **no li** = Adv. u. li m. *BdB*. 35, 25. *Chr*. 112, 24 kann in nou li gebessert werden.   = Adv. u. li f. *Chr*. 172, 8; die Lesart von R, der andern Hs., ist nō li. Ich lese daher: Si non li fos per paor. — *PVi*. 24, 19; Hs. D hat jedenfalls das Richtige bewahrt, wenn es für «*li*» «*la*» liest. In v. 17 ist ja der Dat. a re (zu fugir gehörig) gleicherweise sehr unsicher: Mas fugir no la posc eu ges. — *GRiq*. 73, 28; auch hier ist das volle «*non*» ursprünglich. — **lo li** = Pron. pers. u. li m. *Chr*. 280, 38.

491.]   **tu li** = Pron. pers. u. li m. *BdB*. 4, 47.

492.]   **eu li** = Pron. pers. u. li m. *Chr*. 169, 27. 196, 35. *GdC*. 3, 31. 4, 27. *PdC*. 13, 28. *MdM*. 19, 44. *BZo*. 10, 51. = Pron. pers. u. li f. *Chr*. 47, 22. 86, 37. 147, 9. 174, 42. *PVi*. 28, 39. 32, 17. 42, 19, 24. *BZo*. 12, 55.

493.]   **ieu li** = Pron. pers. u. li m. *GRiq*. 52, 30. 77, 140.   = Pron. pers. u. li f. *GdP*. 4, 49. *PRo*. 3, 37. *GRiq*. 43, 16. 57, 15. *FdL*. 6, 15. — **sieu, li** = Pron. poss. u. li m. *GRiq*. 6, 4. — **dieu li** = Subst. u. li m. *GRiq*. 52, 29. 75, 403.

494.] **ay li** = 1. sg. präs. i. u. li m. *GRiq.* 77, 145. = 1. sg. präs. i. u. li f. *GRiq.* 19, 23. — **play li** = 3. sg. präs. i. u. li m. *Chr.* 74, 15. *GRiq.* 99, 19.

495.] **trei li** = Numer. u. li f. *Chr.* 155, 16.

496.] **sui li** = 1. sg. präs. i. u. li f. *PdM.* 3, 37.

B. Nichtanlehnung nach mehrsilbigen Wörtern.

1. Nach Oxytonia.

497.] **ayse li** = Pron. dem. u. li m. *GRiq.* 84, 21.

498.] **autrui li** = Adj. u. li m. *GRiq.* 81, 407.

2. Nach Paroxytonia.

499.] **membre li** = 3. sg. präs. c. u. li f. *BZo.* 15, 28, 30, 32 durch die Cäsur veranlasst: Mas membre li que son passat cinc an.

500.] **dissi li** = 1. sg. perf. u. li m. *Chr.* 361, 33. = 1. sg. perf. u. li f. *GRiq.* 59, 15.

501.] **clama li** = 3. sg. präs. i. u. li f. *PRo.* 2, 67. — **pesa li** = 3. sg. präs. i. u. li m. *BdB.* 17, 30; «li» hat den Ton der ersten Vershälfte: E pesa li si nulha rel casti. — **pluma li** = Subst. u. li m. *Chr.* 180, 9. — **manjadoira li** = Subst. u. li f. *MdM.* 19, 76. — **fersa li** = Subst. u. li m. *GRiq.* 72, 113. — **mesura li** = Subst. u. li m. *GRiq.* 72, 223. — **Marcelha li** = nom. propr. u. li m. *BdB.* 42, 7 durch die Cäsur getrennt: E Marcelha li tol a gran soan.

502.] **Angieu li** = nom. propr. u. li m. *BdB.* 31, 21 mit zwischentretender Cäsur: Sil feu d'Angieu li merma uns tesa.

§ 13.
Los, pron. pers. 3. pl. acc. masc.
I. Anlehnung.
A. Anlehnung an einsilbige Wörter.

503.] e*ls* = et + los *Chr.* 146, 19. *PVi.* 7, 57. *BdE.* 13, 28. 14, 9. 27, 6. 28, 9, 10. 44, 30. *GFig.* 2, 79. 6, 45. *GRiq.* 45, 10. 74, 12. 75, 320. 76, 200. 79, 633, 737, 772, 773. *PdM.* 8, 69.

que*ls* = a) Conj. que + los.

504.] quels = quar + los *BdB.* 28, 9.

505.] quels = Conj. «dass» (fin., consec., etc.) + los *Chr.* 127, 2. 323, 4. 362, 5. *BdB.* 38, 80. *GRiq.* 75, 253. 78, 238. 79, 137. 81, 152. *FdL. Rom.* 468. *PdM.* 8, 68.

que*ls* = b) Pron. rel. que + los.

506.] quels = rel. m. n. sg. + los *Chr.* 151, 3. 157, 7. *PRo.* 3, 5. *BdB.* 35, 30. *GRiq.* 81, 169.

507.] quels = rel. f. n. sg. + los *Chr.* 146, 18. 173, 32. *GRiq.* 5, 3.

508.] be*ls* = Adv. + los *BdB.* 34, 24.

509.] si*ls* = Adv. + los *Chr.* 2, 32. = Conj. + los *PRo.* 8, 46. *BdB.* 8, 42. 31, 11. — ni*ls* = Conj. + los *BdB.* 34, 24. *PdM.* 8, 32. — qui*ls* = Pron. rel. m. n. sg. + los *BdB.* 26, 24. *GFig.* 2, 125. *BZo.* 16, 34. *GRiq.* 2, 10, 12. 77, 349. 80, 307. 84, 545. = rel. f. n. sg. + los *Chr.* 305, 22. — fi*ls* = 1. sg. perf. + los (nach *Chr.* 30, 24) *GdP.* 1, 61.

510.] no*ls* = Adv. + los *Chr.* 158, 23. 329, 33. *PRo.* 6, 32. *PVi.* 31, 7. *BdB.* 11, 49. 12, 40. 22, 38. 23, 29. 34, 24. 44, 13. *ADa.* 11, 43. *BZo.* 18, 21. *GRiq.* 33, 4. 78, 69. 79, 605. 81, 168, 318. 83, 66. 84, 707. 89, 16, 51. *FdL.* 2, 8. — tro*ls* = Conj. + los *GRiq.* 2, 31.

511.] eu*ls* = Pron. pers. + los *Chr.* 149, 15. — ie*ls* = Pron. pers. + los *Chr.* 208, 22. — ieu*ls* = Pron. pers. + los *GFig.* 4, 45.

B. Anlehnung an mehrsilbige Wörter.

1. An Oxytona.

512.] **aissils** = Adv. + los *BdB*. 14, 9.

2. An Paroxytona.

513.] **portels** = 3. sg. präs. c. + los *Chr*. 177, 32. — **autrels** = Adj. + los *GRiq*. 78, 107, 109.
514.] **tornals** = 3. sg. präs. i. + los *PRo*. 1, 19; vgl. Anm. dazu. — **vuelhals** = 3. sg. präs. c. + los *GdC*. 5, 57. — **maldigals** = 3. sg. präs. c. + los *BdB*. 43, 6. — **fassals** = 3. sg. präs. c. + los *GRiq*. 30, 14. — **valrials** = 3. sg. cond. + los *Chr*. 81, 3.
515.] **dompnals** = Subst. + los *PRo*. 1, 25. — **irals** = Subst. + los *GRiq*. 7, 40.
516.] **sabols** = 3. pl. präs. i. + los *GRiq*. 81, 281.

II. Nichtanlehnung.

Nichtanlehnung nach einsilbigen Wörtern.

517.] **e los** = et u. los *BdB*. 13, 15; von 9 Hss. haben 3 diese Nichtanlehnung. Es ist jedoch das von den beiden, sonst nicht zusammengehenden, Hss. DR gebotene «*atruanda*» einzusetzen. «*lor ment*» ist Mittel für das «*atruandar*» (= mentiendo). Bestätigt wird diese Auffassung durch «*en*» in M; also: Pois en Peitau lor ment els atruanda.
518.] **que los** = Pron. rel. m. n. pl. u. los *PdM*. 2, 20; der Einschub eines Wortes, welches die Nichtanlehnung hebt, ist bei der einen Hs. angezeigt: Quels crezon, ans ma raso.
519.] **ni los** = Conj. u. los *Chr*. 342, 27; es ist vorzuziehen: Nils esseta no s'en engan.
520.] **qui los** = Pron. rel. m. n. sg. u. los *BdB*. 28, 35. 24, 47 nur in einer Hs. überliefert; es lässt sich «*cel qui*» statt «*qui*» als ursprünglich annehmen: Por qu'es fols cel quils vos balha. 26, 25; die eine Hauptgruppe der Hss. ist gar nicht zu berücksichtigen (CE). Von den andern 6 haben DIK, ob sie zwar

dem Archetypus am fernsten stehen, doch das Richtige bewahrt in «*qui jals*»; darum: Ni qui jals retenha.

521.] a los = 3. sg. präs. i. u. los *BdB*. 22, 39.

522.] deu los = 3. sg. präs. i. u. los *GRiq*. 74, 59. — eu los = Pron. pers. u. los *Chr*. 56, 4. *MdM*. III, 5. — leu los = Adv. u. los *GRiq*. 81, 167. — ieu los = Pron. pers. u. los *GRiq*. 89, 19. — dieu los = Subst. u. los *GRiq*. 73, 86. — vei los = 1. sg. präs. i. vezer u. los *BdB*. 38, 39, 51.

§ 14.
Las, pron. pers. 3. sg. acc. fem.

erscheint nirgends contrahiert.

§ 15.
Se, pron. pers. refl. 3. dat. u. acc.

I. Anlehnung.

A. Anlehnung an einsilbige Wörter.

523.] es (eis) = et + se dat. *GRiq*. 61, 11. 80, 8. = et + se acc. *Chr*. 80, 36. 162, 12. 166, 27. 183, 12. 195, 26. 325, 3. *PVi*. 2, 47. 6, 69. *BdB*. 3, 15. *PdC*. 20, 33. *MdM*. 4, 52. *ADa*. 11, 20. *GFig*. 2, 75. *BZo*. 6, 29. *GRiq*. 38, 2. 77, 204. *FdL*. 4, 16. *Rom*. 505.

ques (queis) = a) Conj. + se.

524.] ques = quar + se dat. *GRiq*. 84, 192. = quar + se acc. *Chr*. 152, 16. *BdB*. 4, 4. 17, 18. *GRiq*. 34, 41.

525.] que = Conj. «dass» (fin., consec., etc.) + se dat. *PRo*. 1, 35. 2, 30. *GRiq*. 33, 21. 78, 255. *FdL*. *Rom*. 333.

526.] ques = Conj. «dass» + se acc. *Chr*. 79, 18. 92, 31. 123, 20. 154, 20. *GdP*. 10, 35. *PRo*. 2, 52. 4, 15. 8, 26. *BdB*. 10, 50. 39, 12. *MdM*. I, 78. *ADa*. 2, 55. 11, 14. 17, 39. *BZo*. 7, 77. 12, 13. *GRiq*. 42, 26. 52, 14

75, 426. 78, 23, 67, 80, 164. 81, 30, 31, 220. 95, 19. *FdL.*
4, 21. 5, 12. *Rom.* 333.

ques = b) Pron. rel. + se.

527.] ques = rel. m. n. sg. + se dat. *GRiq.* 84, 380.
= rel. m. n. sg. + se acc. *Chr.* 4, 18. 67, 25. 81, 18. 82, 6.
343, 19. *PVi.* 24, 12. 39, 29. *BdB.* 16, 7, 24. 28, 37. 45, 15.
PdC. 2, 21, 23. 13, 38. *MdM.* I, 20. 16, 5. 18, 2. *GFig.*
4, 48. *ADa.* 17, 28. *BZo.* 3, 24. 10, 20. *GRiq.* 8, 3. 12, 39.
51, 34. 71, 151. 75, 118. 78, 27, 213. *PdM.* 6, 33. = rel.
m. o. sg. + se dat. *MdM.* III, 7.   = rel. m. o. sg. + se
acc. *GRiq.* 75, 65. 80, 36.

528.] ques = rel. f. n. sg. + se acc. *Chr.* 213, 21.
PdC. 7, 25. 14, 39. 20, 36. *GRiq.* 1, 12. *FdL.* 1, 31. = rel.
f. o. sg. + se dat. *Chr.* 199, 2.

529.] ques = rel. neutr. n. sg. + se dat. *Chr.* 67, 23.
GFig. 7, 34.   = rel. neutr. n. sg. + se acc. *GRiq.* 78, 213.
= rel. neutr. o. sg. + se dat. *Chr.* 291, 13. *GFig.* 3, 24.
= rel. neutr. o. sg. + se acc. *Chr.* 78, 12. 154, 1. *PRo.*
5, 13. *PVi.* 22, 55. *BdB.* 28, 40. *PdC.* 4, 9. *ADa.* 7, 39.
BZo. 8, 5. *GRiq.* 44, 4. 76, 106. 81, 406. 84, 679, 830. 95,
74, 80. *FdL.* 5, 14.

530.] ques = rel. m. n. pl. + se dat. *GRiq.* 45, 36.
= rel. m. n. pl. + se acc. *Chr.* 55, 3. *PRo.* 3, 2. *BdB.*
4, 2. 38, 58. *ADa.* 5, 38. *GRiq.* 79, 117. 80, 117. = rel.
m. o. pl. + se acc. *GRiq.* 74, 70.

531.] ques = rel. f. n. pl. + se acc. *MdM.* III, 4.

532.] **bes** = Adv. + se dat. *Chr.* 148, 35. *PVi.* 11, 11.
BdB. 9, 49. *PdC.* 6, 6. *BZo.* 3, 91, 96. 4, 9. *GRiq.* 71, 213.
76, 9. 97, 9.   = Adv. + se acc. *Chr.* 106, 24. *BdB.* 1, 6.
7, 22. *GFig.* 2, 57. *GRiq.* 54, 24. 61, 10. 72, 192. — **cres**
= 1. sg. präs. i. crezer + se acc. *PVi.* 5, 30.

533.] **sis** = Conj. + se dat. *Chr.* 1, 8, 10. 151, 34.
291, 33. *PRo.* 2, 30. *PVi.* 44, 64. *BdB.* 9, 54. 33, 19.
ADa. 5, 37. 6, 17. *GRiq.* 18, 41. 29, 35. 30, 13. 38, 33.
75, 402. 84, 167. 87, 36.   = Conj. + se acc. *Chr.* 80, 15.

104, 9. *PRo.* 8, 18. *PVi.* 22, 42. *BdB.* 3, 45. 14, 47. 24, 33. *MdM.* III, 56. *BZo.* 2, 45. 9, 55. *GRiq.* 2, 8. 16, 43. 75, 114, 79, 105, 122, 152. 81, 98. 84, 502. = Pron. pers. abs. + se acc. *Chr.* 124, 6.

534.] nis = Conj. + se dat. *Chr.* 199, 2. *PVi.* 22, 50. *PdC.* 12, 40. *BZo.* 3, 70. 4, 57. *GRiq.* 78, 96, 120. 85, 26. = Conj. + se acc. *Chr.* 59, 9. 106, 34. 208, 17. *GdC.* 4, 35. *PRo.* 2, 22, 58. 3, 32. *PVi.* 6, 59. 18, 56. 27, 28. 35, 35. *BdB.* 12, 46, 60. 43, 14. *PdC.* 27, 41. *MdM.* 2, 31. 19, 30. *GFig.* 7, 34. *BZo.* 3, 11. 8, 24. *GRiq.* 7, 42. 9, 20. 25, 50. 75, 172, 354. 84, 404. 98, 44. *FdL.* 4, 21. 5, 24.

535.] quis = Pron. rel. m. n. sg. + se dat. *Chr.* 209, 28. *GdC.* 5, 57. *PVi.* 29, 11. *BdB.* 20, 15. 22, 41. *GFig.* 7, 48. *GRiq.* 1, 18. 26, 16, 41. 75, 202. 80, 235. = rel. m. n. sg. + se acc. *Chr.* 63, 1. 105, 27. 121, 1. *PRo.* 4, 10. *PVi.* 1, 57. 11, 20. 25, 47. 39, 16. *BdB.* 6, 14. *PdC.* 1, 24. *MdM.* 16, 13. 17, 16. *BZo.* 16, 32. *GRiq.* 38, 1. 81, 349. 83, 192. = rel. m. o. sg. + se acc. *GRiq.* 70, 9. = rel. f. n. sg. + se acc. *ADa.* 16, 13. = rel. m. n. pl. + se acc. *BdB.* 17, 16. *BZo.* 7, 63.

536.] quis = Pron. interr. m. n. sg. + se dat. *Chr.* 105, 14.

537.] mis = Pron. pers. abs. + se acc. *Chr.* 78, 31. *PRo.* 2, 31. *PVi.* 37, 45. — lis = Pron. pers. + se acc. *FdL.* 7, 45.

538.] nos (nois) = Adv. + se dat. *Chr.* 67, 9. 178, 19. 182, 19. *PRo.* 4, 7. *PVi.* 22, 41. 45, 40. *BdB.* 3, 1. 26, 67. 31, 20. *PdC.* 12, 40. *ADa.* 1, 26. 17, 14. *BZo.* 9, 14, 40. 15, 27. *GRiq.* 56, 19. 66, 30. 72, 216. 74, 48. 78, 82, 92. 81, 206. 83, 208. *PdM.* 8, 107.

539.] nos = Adv. + se acc. *Chr.* 4, 33. 5, 24. 48, 28, 34. 59, 9. 63, 2; i. G. 21 B. *JRu.* 6, 7. *GdC.* 2, 19. *PRo.* 4, 6, 13, 56. *PVi.* 4, 75, 79. 6, 5. 18, 25; i. G. 12 B. *BdB.* 3, 36. 5, 31. 9, 6; i. G. 11 B. *PdC.* 1, 37. 12, 24. 13, 18. 21, 19. 27, 39. *MdM.* I, 14. III, 52, 71. IVb, 12. 1, 37. 2, 31. *ADa.* 3, 44. 6, 23, 31; i. G. 11 B. *GFig.* 3, 29.

4, 34. 7, 32, 54. *BZo.* 1, 28. 3, 56; i. G. 12 B. *GRiq.* 3, 1, 85. 7, 42. 11, 57. 14, 44; i. G. 44 B. *FdL.* 2, 10. 5, 24. *Rom.* 48, 313, 353.

540.] **cos** (quos) = Conj. + se dat. *Chr.* 149, 7. *JRu.* 6, 3. *BZo.* 14, 18. *GRiq.* 12, 71. 74, 79, 233. 75, 132. 80, 58, 83. 81, 170. *PdM.* 3, 2. — **os** = Adv. ubi + se acc. *Chr.* 275, 24. *PRo.* 1, 49. *BZo.* 4, 71. = Conj aut + se acc. *Chr.* 80, 4. *ADa.* 11, 36. = Pron. dem. hoc + se dat. *GRiq.* 11, 56.

541.] **fais** = 3. sg. präs. i. fa + se acc. *PVi.* 14, 21.

B. Anlehnung an mehrsilbige Wörter.

1. An Oxytona.

542.] **cosis** (cumsis) = Conj. + se dat. *PRo.* 5, 48. = Conj. + se acc. *MdM.* II, 45. — **aissis** = Adv. + se dat. *BZo.* 1, 13. 2, 30. = Adv. + se acc. *BdB.* 45, 52. *PdC.* 11, 28. *GRiq.* 74, 44. 84, 881.

543.] **aissos** = Pron. dem. + se dat. *GRiq.* 79, 840. = Pron. dem. + se acc. *Chr.* 65, 25.

2. An Paroxytona.

544.] **ajosteis** = 3. sg. präs. c. + se acc. *BdB.* 33, 24. — **entendres** = Infin. + se acc. *GRiq.* 76, 201. 84, 224, 485. — **albres** = Subst. + se acc. *PRo.* 1, 2. — **autres** = Adject. + se acc. *PRo.* 1, 32.

545.] **esforsas** = 3. sg. präs. i. + se acc. *Chr.* 178, 34. — **semblais** = 3. sg. präs. i. + se acc. *BdB.* 8, 6. — **digas** = 3. sg. präs. c. + se acc. *GRiq.* 80, 165. — **sapchas** = 3. sg. präs. c. + se acc. *GRiq.* 83, 188. — **pensarias** = 3. sg. cond. + se dat. *MdM.* 15, 55.

546.] **scalas** = Subst. + se acc. *Chr.* 4, 43. 5, 9. — **dompnas** = Subst. + se acc. *PRo.* 1, 18. *MdM.* III, 42. — **esperansas** = Subst. + se acc. *PVi.* 21, 39. — **proessais** = Subst. + se acc. *BdB.* 1, 12. — **penedensas** = Subst.

+ se acc. *GRiq.* 6, 34. — **ellas** = Pron. pers. + se acc. *Chr.* 4, 28. 5, 32. — **nocas** = Adv. + se acc. *PVi.* 37, 2. 547.] **amos** = 3. pl. präs. i. + se acc. *GRiq.* 86, 6. — **entendos** = 3. pl. präs. i. + se acc. *GRiq.* 96, 34.

II. Nichtanlehnung.
A. Nichtanlehnung nach einsilbigen Wörtern.

548.] **que si** = Conj. u. si acc. *BdB.* 35, 21; die Lesart von R, welche durch F unterstützt wird, ist einzusetzen: E nom par qu'el si defenda.

549.] **que si** = Pron. rel. m. o. pl. u. se dat. *BdB.* 10, 25; für «que» in F haben GIKd «qui», welches vielleicht in «cui» zu bessern ist: Grat de totz cels cui se conve.

550.] **re se** = Subst. u. se acc. *BZo.* 3, 11.

551.] **si se** = Adv. u. se acc. *MdM.* I, 71; mit AR, die nicht überall zusammengehen, ist richtiger «el se» zu lesen.

552.] **no si** = Adv. u. si dat. *GRiq.* 86, 13; ich glaube, dass, weil «si» im Hiat steht, ohne dass hier auf das Reflexiv besonderer Nachdruck gelegt ist, abgetrennt werden muss: E demans no s'i eschai.

553.] **no si** = Adv. u. si acc. *Chr.* 67, 13; die Besserung in «nos» wurde schon angegeben; vgl. 141]. 96, 1 ist bei der einen Hs. «non si» einzuführen. 171, 16; C hat die gewiss ursprüngliche Fassung in «no s'en» bewahrt. — *PVi.* 27, 28; von den 6 Hss. verdienen LM den meisten Glauben an Richtigkeit wegen des «trop nos»; die durch Auslassung von «trop» nötig gewordene Nichtcontraction ist dann aber in OT gegeben durch nō si. — *GRiq.* 75, 424 kann in «non si» gebessert werden.

554.] **den si** = 3. sg. präs. i. u. se acc. *GRiq.* 95, 48. = Subst. u. se acc. *Chr.* 173, 41.

555.] **fai se** = 3. sg. präs. i. u. se acc. *Chr.* 166, 24. 365, 7. *GRiq.* 84, 435. — **sai se** = Adv. u. se acc. *Chr.* 82, 4. — **lai se** = Adv. u. se acc. *Chr.* 82, 4.

556.] **joi se** = Subst. u. se acc. *Chr.* 107, 20. *BdB.* 3, 14. *GRiq.* 97, 15.

B. Nichtanlehnung nach mehrsilbigen Wörtern.

1. Nach Oxytonis.

557.] **aisse se** = Pron. dem. u. se acc. *Chr.* 196, 20.
558.] **celui se** = Pron. dem. u. se acc. *Chr.* 195, 26. — **damrideu se** = Subst. u. se acc. *Chr.* 4, 40 mit zwischentretender Cäsur: C'ab damrideu se tenia forment.

2. Nach Paroxytonis.

559.] **malaute si** = Adj. u. si acc. *Chr.* 321, 38. — **jove se** = Subst. u. se acc. *BdB.* 7, 19, 21, 23, 29, 31; vgl. indessen Tobler's Anmerk. p. 245, der in «*joves se*» bessert.
560.] **autra si** = Adj. u. si acc. *Chr.* 68, 20. — **noca se** = Adv. u. su acc. *Chr.* 180, 10; die Hs. hat angelehnt; es ist wohl «*cl*» einzuschieben. — **ora se** = Subst. u. se acc. *GdC.* 7, 14.

§ 16.
Resultate.

1. In allen von uns untersuchten provenzalischen Dichtungen hat die Inclination weit grösseren Umfang als in den dieselbe noch am meisten begünstigenden ältesten Denkmälern der französischen Sprache; vgl. Gengnagel, Kürzung d. Pronom. hinter voc. Ausl. im Afrz. Halle 1882.

2. Ein Unterschied in der Behandlung der Inclination der Zeit nach, wie im Franz., ist nicht wahrzunehmen. Bemerkenswert jedoch bleibt, dass Nichtanlehnungen nach einsilbigen tonlosen Wörtern sich bei Bertran de Born häufiger als bei den übrigen Dichtern finden.

3. Ebensowenig lässt sich, abgesehen vom Art. und Pron. fem. «*la*», aus dem syntaktischen Werte der Enclitica ein Criterium der Anlehnung gewinnen.

4. Nach den einsilbigen tonlosen Conjunctionen «*que*», «*ni*», «*si*», «*co*», «*tro*», «*o*», Präpositionen «*en*», «*tro*», «*sus*», Adverbien «*be*», «*si*», «*ja*», «*o*», «*no*», «*do*», und den Pronomen

«*que*» (relat. und interr.), «*qui*» (relat. und interr.), «*me*» (conjunctiv), «*li*», «*lo*», «*la*», «*so*» ist die Anlehnung, abgesehen vom Art. und Pron. fem. «*la*», fast obligatorisch. Der Ausnahmen sind verhältnismässig wenige und diese meist unsicherer Überlieferung.

5. Nach der Präposition «*per*» hingegen ist «*lo*» und «*los*» fast ebenso häufig offen als angelehnt.

6. Nach den häufig vorkommenden Oxytonis «*aissi*», «*atressi*», «*consi*», «*enaissi*», «*aisso*» und Paroxytonis «*entre*», «*sobre*», «*contra*», «*josta*», «*outra*», «*ara*» werden die Pronomina mit wenigen Ausnahmen immer angelehnt, abgesehen vom Art. fem. «*la*».

7. Bei andern mehrsilbigen Oxytonis und Paroxytonis, ebenso bei den tonfähigen einsilbigen Wörtern ist Anlehnung bei Weitem das Gewöhnliche. Das Verhältnis der angelehnten zu den offenen Formen ist ungefähr folgendes: bei tonfähigen einsilb. Wörtern $83\%:17\%$, bei mehrsilbigen Oxytonis $84\%:16\%$ und bei Paroxytonis $82\%:18\%$.

8. Nach Wörtern, die auf Diphthonge oder Triphthonge endigen, gleichviel ob sie Oxytona oder Paroxytona sind, ist die Anlehnung nicht gestattet. «*ieu*» + Enclitica ist als Ausnahme zu betrachten, das abgekürzte «*ie*» vor Encliticis aber aus diesem allgemeinen Gesetz zu erklären, nicht als Analogie von «*ieuus*», «*ieus*» (wie Levy, *GFig.* p. 91 meint).

9. Der Art. fem. «*la*» kann im Nominativ angelehnt werden, wenngleich auch hier Nichtanlehnung das Überwiegende ist. Für die Inclination des obl. «*la*» sind nur wenige unsichere Belege vorhanden, während für das Pron. «*la*» kein sicherer Fall der Anlehnung vorliegt, ebenso wenig wie für den Artikel und das Pronomen «*las*».

Inhalt.

§ 1. **Lo,** art. m. sg. nom. u. obl. I. Anlehn. A. an einsilb. Wörter: 12]—41]. — B. mehrsilb. Wörter: 42]—60]. — II. Nichtanlehn. A. nach einsilb. Wörtern: 61]—74]. — B. mehrsilb. Wörtern: 75]—84].

§ 2. **La,** art. f. sg. nom. u. obl.: 85]. — I. Anlehn. A. an einsilb. Wörter: 86]—96]. — B. mehrsilb. Wörter: 97]—100]. — II. Nichtanlehn. A. nach einsilb. Wörtern: 101]—115]. — B. mehrsilb. Wörtern: 116]—130].

§ 3. **Li,** art. m. pl. nom. I. Anlehn. A. an einsilb. Wörter: 131]—137]. — B. mehrsilb. Wörter: 138]—140]. — II. Nichtanlehn. A. nach einsilb. Wörtern: 141]—143]. — B. mehrsilb. Wörtern: 144]—145].

§ 4. **Los,** art. m. pl. obl. I. Anlehn. A. an einsilb. Wörter: 146]—157]. — B. mehrsilb. Wörter: 158]—166]. — II. Nichtanlehn. A. nach einsilb. Wörtern: 167]—176]. — B. mehrsilb. Wörtern: 177]—178].

§ 5. **Las,** art. fem. pl. nom. u. obl.

§ 6. **Me,** pron. 1. sg. acc. u. dat.: 179]—234]. — B. Anlehn. an mehrsilb. Wörter: 235]—262]. — II. Nichtanlehn. A. nach einsilb. Wörtern: 263]—286]. — B. mehrsilb. Wörtern: 287]—291].

§ 7. **Nos,** pron. 1. pl. nom. u. obl.: 292]—303]. — B. Anlehn. an mehrsilb. Wörter: 304]—306]. — II. Nichtanlehn. A. nach einsilb. Wörtern: 307]—313]. — B. mehrsilb. Wörtern: 314]—319].

§ 8. **Te,** pron. 2. sg. acc. u. dat.: 320]—325]. — B. Anlehn. an mehrsilb. Wörter: 326]—329]. — II. Nichtanlehn. Nach einsilb. Wörtern: 330]—332].

§ 9. **Vos,** pron. 2. pl. nom. u. obl.: 333]—356]. — B. Anlehn. an mehrsilb. Wörter: 357]—368]. — II. Nichtanlehn. A. nach einsilb. Wörtern: 369]—392]. — B. mehrsilb. Wörtern: 393]—398].

§ 10. **Lo,** pron. 3. sg. acc., m.: 399]—417]. — B. Anlehn. an mehrsilb. Wörter: 418]—426]. — II. Nichtanlehn. A. nach einsilb. Wörtern: 427]—434]. — B. mehrsilb. Wörtern: 435]—439].

§ 11. **La,** pron. 3. sg. acc. fem.: 440].

§ 12. **Li,** pron. 3. sg. dat. m. u. f.: 441]—470]. — B. Anlehn. an mehrsilb. Wörter: 471]—481]. — II. Nichtanlehn. A. nach einsilb. Wörtern: 482]—496]. — B. mehrsilb. Wörtern: 497]—502].

§ 13. **Los,** pron. 3. pl. acc. m.: 503]—511]. — B. Anlehn. an mehrsilb. Wörter: 512]—516]. — II. Nichtanlehn. Nach einsilb. Wörtern: 517]—522].

§ 14. **Las,** pron. pers. 3. sg. acc. fem.

§ 15. **Se,** pron. refl. 3. dat. u. acc.: 523]—541]. — B. Anlehn. an mehrsilb. Wörter: 542]—547]. — II. Nichtanlehn. A. nach einsilb. Wörtern: 548]—556]. — B. mehrsilb. Wörtern: 557]—560].

Wortindex.

acapta nos 317.
adousa la 121.
agensal 9 u. 54.
agradal 54.
agrada la 123.
agrada lo 82.
agradam 252.
agradaus 364.
agradol 149.
agrail 479.
agral 58.
agram 255.
agraus 366.
aiga-los 178.
aiguans 306.
ail 41.
ai lo 72.
aiso la 118.
aissam 261.
aissail 471.
aissi lo 76.
aissails 512.
aissim 237—238.
aissi mi 287.
aissis 542.
aissit 326.
aissius 358.
aisso lo 435.
aissom 245.
aissos 543.
aisso se 557.
aissous 360.
aisso vos 393.

aitam 244.
ni vos 390.
aizinaus 367
ajal 55.
ajosteis 544.
al 12. 35. 86. 407. 464.
albergal 54.
albres 544.
alegral 54.
a lo 70.
a los 172. 521.
als 146. 156.
am 222.
amal 54. 422. 475.
am la 123.
amam 252.
ambedui me 288.
amdui li 144.
amdui nos 315.
amei la 129.
Ameli lo 81.
amenal 54.
amezuram 252.
amiam 261.
amos 547.
anava vos 396.
ancaram 258.
ancsem 285.
Angieu li 502.
apelals 161.
apelaval 56.
appella la 123.
apellim 250.

aportcrol 60.
appenre vos 395.
aprendal 55.
aquesta vos 397.
aquol 471.
aral 425.
aram 256—257.
ara mi 290.
ara nos 319.
urans 306.
araus 367.
armam 261.
arsemizaill 480.
asperal 100.
atendol 60.
atressim 241.
atressius 353.
aucim 242.
aucizol 60.
aujal 55.
au lo 74.
aurai lo 436.
aurail 45.
aural 43.
aura la 117.
aura lo 77.
auram 243.
aurial 58.
autram 259.
autrans 306.
autra si 560.
autrel 420 u. 473.
autre lo 437.

7

autrels 513.
autres 544.
autrui li 498.
auzinl 56.
auzi la 116.
aventuram 261.
avernls 161.
avinl 56.
avials 163.
ay li 494.
ayso li 497.

baudal 54.
bailliat 329.
baisanl 54.
barom 246.
batrial 424.
bauziaus 367 u. 6.
bel 406.
belam 259.
beli 487.
bellami 290.
be-lo 67.
bels 508.
bem 205—206.
be mi 269.
bens 298.
bes 532.
beus 5 u. 344.
be vos 377.
blasmel 419.
blojam 9 u. 259.
bocal 59.
bom 228.
bonam 259.
brandal 9 u. 54.
brisaral 43.

Caesur 4—5.
calat 328.
calfaval 56.
calfei me 288.
cantal 54.
captengra lo 438.
caralh 480.

cartam 261.
cascunam 261.
cassaval 56.
Catalunha lo 127.
catrel 50.
caussigal 54.
causigaval 56.
celal 425.
celam 261.
celui se 558.
cessal 54.
chantols 166.
clamal 476.
clama li 501.
clau los 176.
clerzial 59.
coail 480.
coal 425.
cobraral 418.
cobrara la 117.
cobrel 47.
col 38. 137 u. 413.
colgui 289.
colpa lo 438.
comals 160.
comensol 60.
companhal 54.
companham 261.
complel 47.
comtessam 261.
confondaus 365.
conoissensam 261.
conosci lo 81.
consim 239.
contral 52.
contra la 127.
contrals 160.
cortezam 259.
corteziam 9 u. 261.
cos 540.
cosis 542.
cossil 418.
cossiral 54.
cous 355.

covengral 479.
coverteus 357.
co vos 384.
creirem 248.
creissal 55.
creissol 140.
crel 27 u. 457.
crem 207.
cres 532.
crescal 55.
cuim 234.
cui mi 283.
cui vos 389.
cujam 252.

Dairel 50.
da lo 70.
damrideu se 558.
darai lo 78.
daral 5 u. 43.
daram 213.
darial 58.
dei mi 285.
dei vos 391.
dejal 55.
deja nos 318.
del 12 u. 86.
dels 146.
demandom 202.
demostral 54.
denhal 54.
destrigual 54.
destruirels 159.
deu la 128.
deu lo 73 u. 433.
deu los 175 u. 522.
deu nos 313.
deurial 479.
deu si 554.
deu vos 388.
dextra la 127.
dezencolpals 161.
dezeretols 166.
diableus 363.

dieu li 493.
dieu lo 73 u. 433.
dieu los 522.
dieu mi 281.
dieu vos 385.
digal 55 u. 423.
digalh 477.
digas 545.
diguat 328.
dil 463.
di li 488.
dim 218.
dirai vos 394.
diraus 359.
direl 49.
dire li 145.
dire lo 80.
direm 248.
disney me 288.
dissil 474.
dissi li 500.
dizolh 140.
doblal 54.
doblam 252.
doblaval 56.
doil 137.
dom 228.
donnam 6 u. 261.
donnaus 367.
dompnals 515.
dompna vos 397.
dompnas 546.
donal 425.
dona la 123 u. 127.
donals 161.
doussa mi 290.
dreital 180.
duraus 364.

el 13—14. 25. 87. 88.
131. 399. 442—444.
e la 101 u. 102.
elalh 480.
elam 260.

elaus 367.
e li 141 u. 482.
ellas 546
e lo 61 u. 62.
e los 167. 517.
els 147. 152. 503.
em 179 u. 180.
emblei la 129.
e mi 263.
emperil 7. 421.
enaissim 240.
enaissius 358.
encertalh 476.
Encliticae 3.
en la 107.
en lo 65.
enojals 161.
e nos 307.
enpero la 118.
ens 292.
ensenhals 161.
entendam 10. 254.
entendi la 122.
entendos 547 u. 10.
entendrem 248.
entendres 544.
entre la 121.
entrel 46.
entrels 158.
enuejam 252.
enviam 252.
envejal 59.
envejam 261.
envejaus 6 u. 367.
epotecari 81.
eral 53 u. 56.
era la 125.
era lo 83.
erat 329.
es 523.
esbrandal 54.
escarderal 58.
esforsas 545.
esforsaus 364.

Espanham 261.
esperansas 546.
estei lo 79.
etendos 10.
eul 414 u. 468.
eu li 492.
eu lo 73 u. 433.
eu los 522.
euls 511.
eum 231.
eu mi 278.
eus 333—335.
en vos 366.
eveja lo 438.
e vos 369 u. 370.

faicha li 145.
fail 417.
failla la 124.
fai lo 72 u. 434.
fai los 173.
faim 233.
fai me 281.
fai nos 313.
fairem 248.
fais 541.
fai se 555.
fal 37 u. 407.
falham 254.
fa li 489.
fals 156.
fum 222.
farai lo 436.
farai vos 394.
faral 5 u. 43.
farans 304.
farial 6 u. 58.
fariam 255.
fassail 477.
fassal 55.
fassa los 178.
fassals 514.
fussam 254.
febre lo 437.

febreus 363.
feiralh 479.
feiram 255.
fel 5 u. 27.
fem 207.
feral 479.
fermaral 43.
ferol 139.
Figeral 59.
fils 509.
flori la 116.
fol 95 u. 39.
fo la 112.
fo lo 71.
fom 228.
foral 58.
foralh 479.
fora lo 82.
foram 255.
forolh 139.
forsal 422.
forsa li 501.
forsals 161.
forsam 252.
forsaus 367.
frairem 249.
Fulheta vos 397.
gai mi 284.
ganrem 235.
garam 253.
garda vos 396.
geta la 123.
getals 161.
gietal 51.
greu me 281.
greu vos 388.
guarat 325.
guardal 54.
guerram 261.
guerra vos 397.
guideram 255.
Guillelme lo 80.
Guiscarda nos 319.
guizam 261.

monrals 161.

el 415.
ielh 469.
iels 511.
iem 230.
ieul 416.
ieu la 115.
ieulh 470.
ieu li 493.
ieu lo 73 u. 433.
ieu los 175 u. 522.
ieuls 511.
icum 232.
ieu mi 279 — 280.
ieus 356.
ieu ti 332.
ieu vos 387.
intral 54.
irals 515.
iram 261.

Jal 34. 407. 464.
ja la 111.
ja lo 70 u. 432.
jam 220.
jau los 176.
jaus 352.
Jesu vos 398.
joi lo 434.
joi mi 286.
joi se 556.
joncadal 59.
jostal 53.
jove se 559.
jutgal 54.
jutiel 48.
jutiens 305.

la 85 u. 440.
laill 464.
lai lo 72.
lai mi 284.
lai nos 313.

lai se 555.
laissal 54.
laissa los 178.
laissa me 290.
lai vos 390.
lam 221.
lans 300.
las S. 35 u. 77.
lat 324.
lausa lo 438.
lau vos 392.
leissei la 129.
lenguam 261.
le te 331.
leu los 522.
levada la 126.
leva la 123.
levols 166.
li 130.
lil 33.
lim 213.
lis 5 u. 537.
lol 467.
lo li 490.
lo lo 71.
lom 226.
lons 302.
lous 355.
lui me 281.

Machari lo 81.
mai lo 72.
maim 233.
mal 36.
malat 329.
malaute si 559.
malautial 425.
maldigals 514.
Mallio lo 84.
mandal 57.
mandam 252.
mandaus 364.
mandem 247.
manderal 58.

manjadoira li 501.
manjol 140.
mantenhal 55.
Marcelha li 501.
Maria la 127.
matim 236.
mayvos 390.
mel 27.
me lo 68.
membram 252.
membrelh 473.
membre 499.
membreus 361.
membre vos 395.
menaval 56.
meneill 473.
mentau los 77.
meravelham 261.
mercelh 471.
mercem 235.
merce mi 287.
merce nos 314.
merceus 357.
merce vos 393.
meselal 54.
messatgel 473.
messatjeus 363.
metal 423.
meteus 357.
metge nos 316.
metrai me 288.
metre lo 437.
metrels 159.
meus 346.
me vos 377.
mezura li 501.
mil 411.
mi la 110.
mill 463.
mi lo 430.
mim 219.
mis 537.
mius 347.
montal 51

morol 140.
mostrada la 126.
mostra nos 317.
mostrel 48.
mostre la 121.
mou lo 74.
mourials 164.

mafral 54.
Narbona la 127.
Narbonam 261.
nel 406.
nervil 51.
nesi lo 81.
nil 28. 29. 94. 136. 409.
  460. 461.
ni la 110.
ni lo 429.
ni los 171. 519.
nils 155. 509.
nim 211—212.
ni me 271.
nis 534.
nit 323.
nius 350.
ni vos 380.
nocam 258.
nocas 546.
noca se 560.
noirissol 426.
nol 412. 465-466.
nolh 137.
no li 490.
nols 157. 510.
nom 223—224.
no me 273. 274.
nons 301.
nos 538—539.
no si 552—553.
not 325.
nous 353—354.
no vos 382.
noyrida la 126.

oblidal 54.
oblidarai lo 78.
occaizo mi 291.
ol 39. 137. 413.
o la 112.
om 227.
ondral 59.
onral 54.
ons 302.
ora se 560.
os 540.
outral 53.
outra la 127.
o vos 383.

pairel 420.
para lo 82.
paregral 58.
parom 262.
parral 43.
partim 250.
passal 57.
passals 161.
passereral 164.
paterna lo 43.
pau nos 313.
pel 26.
pels 153.
penans 306.
penedensas 546.
penrem 248.
penreus 362.
pensarias 545.
penzal 54.
perdei 79
perdol 481.
perdonail 476.
perdonal 54. 98.
perdona la 128.
perdral 43.
perdrel 419.
per la 108.
per lo 66.
per los 170.

perol 44.
perolh 138.
poro li 144.
pesa lo 438.
pesam 252.
peza li 501.
peza me 290.
palgram 255.
plassal 477.
plassaus 365.
play li 494.
play me 284.
plazial 478.
plorals 161.
pluma li 501.
poiriam 255.
porta la 123.
portam 253.
portels 513.
predicansal 425.
progal 57. 476.
preguol 473.
preguit 327.
prona la 124.
prendals 162.
prendaus 365.
preza la 126.
proessais 546.
prol 39. 467.
prom 228.
pro mi 277.

queirals 162.
quel 5. 15 – 24. 89 – 93. 132 – 135. 400 – 405. 445 – 456.
que la 103 – 106.
quolh 5.
que li 130. 142. 483 – 486.
que lo 63. 64. 427.
que los 168. 169. 515.
quels 148 – 151. 501 – 507.

quem 5. 181 – 204.
que mi 264 – 268.
que nos 308 – 312.
quens 293 – 297.
querrem 248.
ques 524 – 531.
que si 548. 549.
quet 320 – 322.
que te 330.
queus 5. 336 – 343.
que vos 371 – 376.
quil 32. 410. 462.
qui la 110.
qui lo 69. 431.
qui los 520.
quils 155; 509.
quim 5. 215 – 217.
quins 299.
quis 535. 536.
quit 323.
quius 351.
qui vos 381.
quol 467.
quo mi 277.

Raimbaudum 261.
ral 36.
raubols 166.
regna lo 82
rei mi 285.
reinam 261.
rel 406.
remaignal 55.
remanha la 124.
remembral 54.
remembram 252.
rendrial 6. 58.
repairel 48.
re se 550.
respondialh 99.
respondreus 362.
reve lo 75.
rey nos 313.
Romal 59.

Roma la 127.
Roma lo 83.
Romals 165.

sabial 56.
sabols 516.
sabrai 78.
sabrial 58.
sai lo 72.
sai los 173.
sai mi 284.
sai nos 313.
sai se 555.
Saissam 261.
sai vos 390.
saludam 253.
saludey lo 439.
Sanhal 59.
sapchal 55.
sapcha la 124.
sapchas 545.
saubram 255.
Sayssa la 127.
scalas 546.
sechal 98.
se la 109.
segrai la 119.
segrai los 177.
segral 58.
segra los 177.
segrel 419.
semblais 445.
semblal 475.
sembla la 123.
semblam 252.
semblariaus 366.
semblaus 364.
senhal 425.
senhel 50.
senhorial 460.
sentim 250.
seriam 255.
seriaus 366.
serval 55.

servi lo 76.
servirai lo 78.
servirei vos 394.
servizil 51.
servizim 251.
servolh 481.
se ti 331.
sial 55.
sia la 24.
sia li 130.
sia lo 82.
sieu li 493.
sieu lo 433.
sieu mi 281.
signifigu la 123.
sil 30. 31. 94. 136. 408.
458. 459.
si la 110.
si li 488.
si lo 428.
si los 171.
sils 155. 509.
sim 5. 208—210.
si me 270.
sine 299.
sis 533.
si se 551.
sit 323.
si vos 378. 379.
sobral 54. 98.
sobrel 46. 97.
sobre la 121.
sobrels 158.
socoral 423.
sofraignerail 472.
sol 39. 413.
so la 112.
solh 137. 467.
so li 143.
som 225.
so mi 275. 276.
sonal 98.
souvengaus 365.
sous 355.

sovel 42.
so vos 385.
suau vos 392.
sui li 496.
suis 348. 349.
sul 40.

tel 27.
te li 487.
tem 207.
Tempra vos 397.
tendam 254.
tengal 55.
tengral 58.
tenol 140.
tenous 368.
tenral 43.
tenram 243.
tenra vos 393.
tim 214.
Toletal 59.
Tolozal 480.
Tolozam 261.
Tolsal 425.
tornals 514.
tornam 252.
tornim 250.
tota la 127.
totam 259.
torbals 161.
Tozal 100.
tozal 59.
tragam 254.
tral 37.
tametrai lo 70.
trametrai vos 394.
tray los 173.
trebalham 261.
treili 495.
trencal 54.
trieu los 175.
trobei la 129.
trobey la 120.
trol 39.

tro la 112.
trols 157. 510.
trom 228.
trons 302.
tro vos 385.
tuelhaus 365.
tu li 491.
tum 229.
tuns 303.

unam 259.
uzatgem 249.

vai la 114.
vailla nos 318.
vai lo 72.
valgram 255.
valh 95.
valbam 254.
valrials 514.
va mi 272.
vec vos 377.
vei la 119.
vei los 522.
vei mi 285.
veirai lo 78.
veirial 59.
vel 27.
vels 154.
vengram 255.
venral 43.
vensaus 365.
ventaill 98.
vergonhal 425.
vergonham 261.
Verschluss 9.
veus 345.
veya la 124.
vey lo 74.
vey los 174.
vidal 425.
vidalh 480.
vidam 261.
vida nos 319.

vidans 306.   viurel 49.   volraus 359.
vil 9. 33.   vivols 166.   volray vos 394.
vil lo 69.   volgral 58.   volval 55.
virel 48.   volgram 255.   vom 228.
virols 166.   volguil 474.   vostrem 249.
vistam 261.   volrai lo 436.   ruelhals 514.
viu lo 434.   volram 213.

Verzeichniss der besprochenen Stellen.

A Da. 5,20:91. — 7,3:233. — 7,41:232. — 9,53:234. — 10,39:88. —15,1:72.
B d B. 1,14:319. — 4,11:141. — 6,44:8. — 7,19,21,23,29,31:559. — 7,34:482.
— 10,1:55*. — 10,25:549. — 13,15:517. — 14,52:486. — 14,56:141.
— 15,9:416. — 15,14:274. — 14,34:285. — 17,25:141. — 17,30:501.
— 21,27:62. — 23,40:61. — 24,3:263. — 26,25:520. — 28,35:520.
— 29,29:70. — 29,32:168. — 30,8:63. — 31,21:502. — 33,40:427.
— 35,9:285. — 35,21:548. — 39,10:473. — 41,13:70. — 42,7:501.
— 42,20:483. — 45,4:428.
B Zo. 2,63:91. — 8,36:171 — 15,28,30,32:490.
C h r. 1.27:438. — 4,40:558. — 19,5:62. — 22,1:331. — 23,23:65.
— 67,12:141. — 73,17:63. — 74,6:88. — 94,17:383. — 91,36:379.
— 96,1:553. — 98,2:382. — 112,21:490. — 130,36:61. — 148,37:261 —
152,22:265. — 153,18:372. — 160,17:335. — 160,20:233. — 162,37:316.
— 171,16:553. — 172,8:490. — 178,25:112. — 179,4:68. — 179,28:417.
— 180,10:560. — 180,12:167. — 200,1:375. — 205,22:270. — 206,16:265.
— 207,20:61. — 230,22:86. — 243,30:141. — 245,30:219. — 271,6:69.
— 272,17:266. — 275,5:276. — 275,10:97. — 325,41:275. — 326,42:98.
— 329,25:141. — 342,27:519. — 343,27:331. — 344,27:330. — 361,40:267.
— 362,37:379. — 371,37:309. — 374,28:309.
G d C. 1,23:265. — 1,37:287. — 4,23:41. — 6,31:271.
G Fig. 2,108:64. — 6,52:67. — 9,10:62.
G d P. 4,37:14. — 5,45:274.
G Riq. 62,53:274. — 65,9:488. — 69,83:265. — 69,91:68. — 70,32:86.
— 71,144:65. — 73,29:490. — 73,33:162. — 75,315:431. — 75,424:553.
— 75,566:111. — 77,134:182. — 79,85:127. — 79,296,656:384. —
79,512:379. — 82,171:269. — 84,548:384. — 84,14,463:274. —
84,901:307. — 86,13:552. — 86,47:90. — 88,15:304.
J Ru. 4,55:232. — 6,39:488.
M d M. 1,33:290. — 1,77:268. — 15,58:309. — 19,16:65. — 1,19,73,79:61.
— 1,71:551.
P d C. 1,3:314. — 2,4:274. — 2,5:286. — 11,21:285. — 12,14:438. —
23,36:416. — 25,9:335. — 25,15:376.
P d M. 2,20:518. — 8,31:169.
P Ro. 8,15;372.
P Vi. 21,19:490. — 26,8. 22,1:273. — 27,28:553. — 28,19:274. — 30,40:45.
— 35,43:485.

Nachträglich sei bemerkt, dass durch ein Versehen bei der Materialsammlung die Belege für das ebenfalls enklitische i nicht aufgezeichnet worden sind. Es muss also die Behandlung über das enklitische und nicht enklitische i einer selbständigen Untersuchung vorbehalten bleiben, doch lässt sich im Voraus vermuthen, dass die Resultate derselben mit denen der vorstehenden im wesentlichen übereinstimmen.